Great Dads
Building Loving Lasting Relationships with Your Kids

好爸爸不缺席

[美] 罗伯特·哈姆林
（Robert Hamrin）著

祝荣富 译

图书在版编目（CIP）数据

好爸爸不缺席 /（美）罗伯特·哈姆林（Robert Hamrin）著；祝荣富译. — 北京：华夏出版社，2019.8

书名原文：Great Dads: Building loving lasting relationships with your kids
ISBN 978-7-5080-9778-7

Ⅰ.①好… Ⅱ.①罗… ②祝… Ⅲ.①家庭教育 Ⅳ.①G78

中国版本图书馆CIP数据核字(2019)第112759号

Great Dads: Building loving lasting relationships with your kids By Robert Hamrin
Copyright © 2017 by Robert Hamrin
All rights reserved.

北京市版权局著作权登记号：图字01-2019-2735号

好爸爸不缺席

作　　者	[美] 罗伯特·哈姆林
译　　者	祝荣富
责任编辑	陈　迪
出版发行	华夏出版社
经　　销	新华书店
印　　刷	三河市人民印务有限公司
装　　订	三河市人民印务有限公司
版　　次	2019年8月北京第1版 2019年8月北京第1次印刷
开　　本	880mm×1230mm　1/32开
印　　张	9.125
字　　数	179千字
定　　价	48.00元

华夏出版社 网址：www.hxph.com.cn　地址：北京市东直门外香河园北里4号　邮编：100028
若发现本版图书有印装质量问题，请与我社营销中心联系调换。　电话：（010）64663331（转）

谨以此书纪念我的父亲查尔斯。
45年来，他一直在向我展示什么是为父之乐。
献给我的孩子埃里克、基拉和克莉丝塔，
每一天他们都带给我新的喜乐。

献给我的父亲

本书尚未完稿，我父亲就过世了。世事有时就是如此讽刺，又让人哀伤。他过世后不到一个月，有一天，我正坐在书桌前写这本书的收尾部分，猛然间想到他，不禁悲从中来。我开始写本书序言的时候，他还陪在我身边，现在却已经物是人非了。他读过最初的几章手稿，也听过我讲的一些喜乐爸爸的课程。他觉得非常骄傲——儿子肯放下经济学家的职业，花时间来做这样的一件事。他觉得这很有意义。

我父亲名叫查尔斯·爱德华·哈姆林（Charles Edward Hamrin Sr.）。他去世的时候，距离他80岁生日只差6个星期，距离他和我母亲维奥莉特（Violet）的60周年结婚纪念日只差9个月！好在我母亲如今身体还很硬朗，对生活充满激情。她的这种生活激情也遗传给了我。

我很感恩，因为我在父亲身上可以看到成功的子女教养所需的基本要素：无条件的爱、忠诚、以身作则，以及愿意管教孩子的心志。他使我明白稳固的婚姻关系对于孩子的教育是何等重要。他有一句话，从我第一次听到的那一刻起，就成了我的座右铭:"永远不要依靠人,要依靠真理。"谢谢您,爸爸!谢谢您给我的这份宝贵遗产,就是您的生活见证:忠心,热爱真理,无条件地爱妈妈、弟弟小查尔斯和我。

目　录

推荐序一　做爸爸的智慧（葛培理）/ 01
推荐序二　做父亲："创始"也要"成终"（袁大同）/ 02
推荐序三　做爸爸太荣幸了！（陈国华）/ 04
中文版自序　把心转向孩子 / 06
自序　体验为父之乐 / 08
序章　为父的遗产 / 21

第一部分　全心陪伴 / 001

第一章　爱等于时间 / 002
第二章　把握时机 / 023
第三章　编织美好记忆 / 037
第四章　做奶爸的享受 / 056
第五章　加满青少年情感的油箱 / 068
第六章　找到家庭和工作之间的平衡 / 090

第二部分 建立品格 / 115

第七章 从无条件的爱开始 / 117

第八章 建立自尊 / 137

第九章 创造性地沟通 / 164

第十章 建设性地管教 / 186

第十一章 确立基本的道德观 / 209

第十二章 传递人生观 / 228

尾声 / 243

推荐序一

做爸爸的智慧

哈姆林的《好爸爸不缺席》是今日家庭教养方面最重要的一本书——可能当今世上也没有谁比他更适合来写这样的一本书了——非常值得一读。哈姆林的聪明才智和对崇高价值观的践行，都体现在做爸爸这项极具挑战性的工作上。

本书包含了许多真实故事，涵盖了我们生活中常见的各种处境。书中也有许多非常实际可行的建议，充分体现了作者极大的智慧。

虽然现在的我已经是一位曾祖父了，但是我知道：只要我儿子还在世，不管他现在几岁，我都仍然是他的爸爸。从这个意义上来说，这本书适合各个年龄层的人阅读。像我到了这个年纪，还是可以从中学到新的东西。我相信你也一样。

愿所有阅读并应用本书的人得蒙祝福。

葛培理

推荐序二

做父亲:"创始"也要"成终"

《好爸爸不缺席》一书的出版,对中国家庭目前普遍存在的爸爸缺席的状况来说,真好像是久旱的禾田逢见及时雨。书中所披露的美国家庭的窘境同目前中国的现状相比,真可谓是"小巫见大巫"了。看一看每逢春节全民族"大迁徙"的壮观景象就可以领略一二。可以说中国绝大多数家庭的爸爸都没有和自己的孩子在一起:农村的爸爸把孩子留给老人到城里打工;城市的爸爸或把孩子送进全托幼儿园、寄宿制学校,或把他们只身送到国外留学;更为可悲的是,越来越多的爸爸早已和妈妈离婚,去寻求自己个人的自由和幸福。他们都没有意识到"爸爸"这个角色在孩子成长发育过程中是多么不可或缺——无论在心灵还是身体方面都是如此。幼年的儿童没有性别的意识,他们是通过家庭生活中的耳濡目染,从父母的身上认识到自己是属于爸爸这一类的(男人),还是妈妈这一类的(女人),所以家庭中父母角色的缺失对于孩子未来性格的发展和性别取向来说,都将造成极其严重的影响。

父,意思是开创者,如人们称呼孙中山为国父,是因为他是中华民国的缔造者。一个家庭之所以将爸爸称为"父",也是因为他是这个家庭的缔造者。父亲不仅是"创始"者，而且有责任"成终"。他既然缔造了家庭，就要对自己的家庭负责到底。无论家中的儿女多么悖逆、顽梗，父亲都不应该放弃他们，而应始终接纳、陪伴到底。但今天，我们许多身为家庭之"父"的男人，却常常是结婚开创了一个家庭之后，却以各种堂而皇之的借口逃避为父的责任——"创始"却不"成终"。

家庭中，爸爸的角色越不可取代，缺席的罪责就越不可饶恕。爸爸的缺席不仅仅对于自己成长发育中的孩子是一个致命的伤害，对社会来说也有一种极不负责任的态度。缺席的爸爸在这个方面已经算是"渎职"，然而许多的爸爸却浑然不知。

这就是我将朵多教育译介到国内的《好爸爸不缺席》这本书称之为"及时雨"的原因。

愿这本书恰似及时的雨水滋润久已干涸的心田，使那些"缺席爸爸"的心转向儿女，也使儿女的心转向父亲。有了这样的翻转，那上好的福分必将降临在我们的家庭与社会之中。

袁大同

婚姻家庭培训师

推荐序三

做爸爸太荣幸了!

我是一个父亲。儿子出生在计划生育的年代,我的陪伴给童年的儿子带来了满足——晚上入睡前听爸爸讲故事,寒暑假跟爸爸外出游玩。

后来,我留学美国,因家属探亲签证非常难办,我与家人分离三年多。当我终于与妻子和儿子在机场重逢时,儿子已是一个13岁的少年,都认不出来了。与儿子拥抱那一刻,他显得非常不自在,有点不愿意。身为父亲,虽然我得到了更高的学历,但代价却是亲情的隔阂和父子关系的疏远。我毕竟错失了儿子在成长过程中最需要父亲陪伴的宝贵时光。

我是个缺席的父亲。

之后不久,一位朋友邀请我参加了《好爸爸不缺席》作者哈姆林博士举办的第一期讲座。那天的课程结束后,我兴奋地把签有我姓名的"爸爸承诺书"交给儿子,并慎重地向他承诺:爸爸会永远爱你、鼓励你、关心你。之后,我把证书挂在墙上,时刻提醒自己给儿子的承诺——我重新开始学习做爸爸。

儿子大学毕业那年,主动提出来让我与他一起去旅游。我万万没有想到,一个22岁的年轻人,竟然还愿与父亲在一起!

我就请了三周不带薪的假，那次旅行成了我们父子最美好的记忆。如今我当了爷爷，看到儿子每天下班回家全身心地投注在他的两个孩子身上时，我知道《好爸爸不缺席》一书不仅帮助我认识了父亲的职责和影响力，挽救了我与家人的关系，也让我看到了家庭的传承。我只要还活着，就永远是儿子的爸爸；而他也在影响和塑造着他儿女的生命。

做爸爸太荣幸了！

当今世界最大的问题是父亲的缺失（缺席）。你相信吗？这是美国政治学教授、离婚和家庭法院制度专家斯蒂芬·巴斯克维尔的洞见。他说："基本上每个重大社会问题都与父亲缺失有关。相对于其他因素而言，暴力犯罪、吸毒、酗酒、少女怀孕、自杀等都与父亲缺失有最直接的关系。"在经济快速发展的中国，离婚率也逐年攀升，婚姻的破裂造成了孩子在成长过程中父亲缺失；而更多婚姻存续的家庭也普遍存在着父亲缺失的现象。社会持续发展所需的根基——健康的家庭结构——正在受到前所未有的挑战。

作为"好爸爸不缺席"课程的培训师，我在过去十年中看到数以千计的父亲回归家庭，他们承诺无条件地爱孩子、陪伴孩子，我看到了希望。期盼已久的《好爸爸不缺席》一书终于问世了。我深信这本书将帮助更多的父亲和家庭。

爸爸们，我们一起努力吧！

陈国华

婚姻家庭培训师

中文版自序

把心转向孩子

做爸爸是男人最美妙的责任和特权，归根到底，一个男人所能拥有的最伟大的头衔莫过于"好爸爸"。

世界各地的孩子都有一种深切的渴望，那就是爸爸能把心转向他们。这是爸爸能给予孩子的最好的礼物。我相信在阅读本书的过程中，你会把心完全转向每一个孩子。

这会是你这辈子做得最好的决定。

我特别欢迎中国的爸爸们来阅读此书，这对我和妻子卡罗尔来说意义非凡。半个世纪以来，中国一直在我们心中有特殊的位置——1969年卡罗尔在研究院学习中文，1975年获得中国研究博士学位，1979年，在中美两个大国关系正常化不久后，我们来到北京生活，这是一段特别欢乐的时光。那时我的儿子埃里克才两岁，他是"北京的明星"，因为他有一头金黄的头发，很少有人见过这样的小男孩。而当人们发现卡罗尔会说中文时，他们特别兴奋地和她聊起我们的儿子。我们也认识了很多可爱的中国孩子，有的还在襁褓里嗷嗷待哺，有的已经开始蹒跚学步。

这是我们早期接触和探讨中国家庭的经历。

如今，40年过去了。在中国会有很多爸爸读我的书，这让我着实兴奋。我知道中国的爸爸们想要当"好爸爸",过去六年我们在中国培训了成千上万的爸爸,帮助他们把心转向孩子。

一旦你的心转向孩子,本书便可以为你成为"好爸爸"出谋划策。书中很多方法都切实可行,你可以给孩子写小纸条表达爱意,也可以每周举行家庭会议,还可以给孩子一份大礼,告诉他:"我下周六上午的时间都给你,你想和爸爸一起做些什么呢?"

无论你给孩子的礼物是什么,都要明白这是在传承"为父的遗产"。这种做爸爸的精神价值会代代相传,所以你现在投资到孩子身上的时间会给几代人造成影响——你很有可能会给成千上万人造成积极的影响!

当你开启为父之旅时,我愿你能享受到做父亲深深的喜悦,愿你享受这旅途中的每一步。

在此,我要再次欢迎中国的爸爸们加入好爸爸的旅程,祝福你们成为每一个孩子的好爸爸。

罗伯特·哈姆林

自序

体验为父之乐

如果，

- ◆ 你觉得一个男人最重要的事业，也是最难做好的事业就是做一个好爸爸（事实可能确实如此）；
- ◆ 你希望能与麦克阿瑟将军一样自豪——麦克阿瑟将军曾经说："我是一名军人，我很自豪。但我更自豪的是：我是一位父亲！我因此而自豪，胜过一切！"
- ◆ 你渴望体验为父之乐。

那么这本书就是为你量身定制的。

上面这段话的重点就是渴望。如果你渴望成为一个好爸爸，想要扮演好父亲这个角色，那么我可以向你保证，本书可以帮助你实现这个目标，并且在不断努力成为一个好爸爸的同时，你也会经历奇妙的为父之乐。

我要把丑话说在前头，这本书可能会让你感觉沮丧和愤怒，它肯定会给你带来很多挑战，你甚至还可能会产生负罪感。不过，你也会受到激励，找到盼望。有时候它会让你会心一笑，它会鼓励你成为一位好爸爸。最重要的是，它会给你一些非常实用的建议，帮助你成为一位好爸爸。

本书实际上是要给所有的父亲敲响警钟：

爸爸们，振作起来！你需要认真严肃地对待自己为父的职责，扮演好父亲的角色！这样，你就能赐给孩子一份他最想得到的礼物，你自己也会获得一种无法言喻的喜乐。

可能有人会说："听起来不错，但是一个经济学家来写如何当爸爸的书，靠谱吗？"也许你心里也有点犯嘀咕，那我们就先聊聊这个问题。

为什么一位经济学家——所谓天底下最无趣的科学的信徒——会想要写一本关于做爸爸的书？我们又能指望从中学到什么呢？

至于"为什么"，简单来说就是，在当今社会，一个爸爸有哪些应尽的责任，他又能感受到怎样的为父之乐，我对此有很多想法。我对此深信不疑，所以想要跟大家分享一下——不是假装专家来指导外行，而是作为一个爸爸，与爸爸们一起分享一些经验。除此之外，我还有两个简单的想法：

- ◆ 让每一位父亲都感受到我所感受到的为父之乐。
- ◆ 让每一个孩子都感受到无条件的爱，得到父亲全心的教养。

写这本书还有一个和社会有关的动机。我深信今日美国面临许多大的社会弊端，都是源于父亲们没有尽到做父亲的基本责任。1992年《新闻周刊》(*Newsweek*)中有篇文章一针见血地指出:"几乎每一个我们所能想到的社会问题,都和混乱的家庭有很大关系。"这话从积极的角度来看,也就是说美国的父亲们有能力扭转当前这个局面。他们若能和自己的孩子住在一起,尽到自己为父的责任,就能缓解国家面临的许多严重的社会问题。我们能不能做好父亲,与国家富强以及人民的长期福祉都密切相关。

至于"能学到什么",本书将一步一步、手把手地教你如何成为一位好爸爸,并且通过应用这些步骤,去感受为父之乐。

作为三个孩子的父亲,在过去15年里我感受到一种奇妙的喜乐——一种深切的满足,以及持续的快乐。我希望所有的男人都能感受到这种喜乐,现在就开始。趁现在为时未晚,尽可能多地去感受这种喜乐,不要等到错过了再追悔莫及。喜乐、快乐、满足、成就感——你爱怎么称呼都可以,但你必须明白,孩子永远都比工作更能给你满足。

你的孩子也可以因本书而获益。所有的孩子都需要一种无条件的爱。孩子的成长不仅需要母亲全身心的付出,也需要父亲的积极参与。孩子们可能不知道如何用言语表达,有时候甚至不会明显地表现出来,但是大量的证据表明,每一个孩子的内心都在渴望父亲的爱和陪伴。下一代人心中"对父爱的饥渴"——这是新兴男人运动(burgeoning men's movement)的说法——只能由今日的父亲们来满足。总而言之,就是我们的孩子需要爸爸,他们渴望我们的爱。

我们巨大的影响力

不管你现在已经是爸爸,还是准备要成为爸爸,你需要知道每一位爸爸都拥有一种能力——每一位爸爸都拥有一种巨大的,简直可以说是可怕的影响力,可以深刻地影响孩子的一生。在职场我们不可能有这么大的影响力,在妻子身上也没有(至少我希望没有),在任何其他的单位或个人身上我们都不会有这么大的影响力,唯独在我们孩子身上有!

我不想直接告诉你我的观点,在本书中我希望换种方式——让孩子们自己说。我会经常引用孩子们的话。孩子是我最常聆听的专家。如果我们想要了解孩子们需要什么,他们想从我们这些爸爸们身上得到什么,如果我们想要知道自己会对他们产生怎样的影响,那么我们就必须认真地聆听他们的话。因此,下面这些用不同字体标示的段落,就是孩子们谈论自己爸爸的原话。

> 我不是很喜欢我爸爸。他从来都没有拥抱过我,一次也没有!他也很少说爱我。我感觉很难过。遇到问题的时候,我从来都不能去找爸爸帮忙,从来都不能靠在爸爸肩膀上哭。他从来都没说过:"朱莉,一切都会好起来的。"我特别想大喊大叫一通,把这一切伤害都发泄出来。我觉得特别孤独。[①]

---

① [美]乔·怀特:《家庭孤儿》,昆士塔出版社1988年版,第134页。

这是父亲拥有强大影响力的负面例子。下面是一个正面例子：

> 但是，我记得最清楚的，却是和你在一起的那些日子。爸爸，那是我最宝贵的回忆，是我生命中最重要的一部分。对我来说，这就是这些信件的全部意义。童年已经一去不返了，我再也不能像小时候一样和你待在一起了；我再也不会像那时那样小，你也再不会像那时显得那么高大了。但是我还拥有这些回忆。当我觉得在世上不堪重负的时候，当我突然觉得自己太老了的时候，当我对世界失去了新鲜感和好奇心的时候，这些回忆就是我的安慰。它们是我所拥有的有关童年的一切。我真希望那时我们能有更多的时间在一起，这样我现在就能拥有更多的回忆了。这不是说你做得不够好，而是说，和你在一起，无论多久，我永远都会觉得还不够久，还想要更久。那时，你是我世界中的大王，是最奇妙的魔术师，是那个无所不知的人，是无论什么坏了都能修好的人。你让我觉得生活充满神奇。①

这是一个 26 岁的儿子写给他爸爸的。难道我们不想在孩子成年以后，也能从他嘴里听到这样的话吗？难道我们不希望他

---

① [美]托尼·坎波洛，巴特·坎波洛：《未开口的话》，话语出版社 1989 年版，第 213 页。

们回忆童年时光时，觉得爸爸是"我世界中的大王"，让生活充满神奇的人吗？

我们面临的选择

就像这两个故事所展示的那样，作为爸爸，我们可以对孩子产生截然不同的影响，这完全取决于我们如何去选择。每一个承担父职的人都必须做出选择——他要如何使用自己的那个影响力。

这是我们面临的根本选择：是要投资在孩子身上，给他们无条件的爱以及他们需要也理应得到的养育呢；还是要把我们主要的精力放在工作或其他地方，而对孩子表现出一种有条件的爱，把养育孩子的责任推给妈妈，甚至夫妻俩谁也不管？

有一个古老的故事，很好地说明了我们的能力和责任：

>　　有一个自作聪明的小男孩去找一位智者，想要戏弄他。小男孩手心里攥着一只小鸟。
>
>　　他问那头发花白、满脸皱纹的智者说："先生，如果你真像传说中的那么有智慧，那么请告诉我，我手心里的这只小鸟是活的还是死的？"
>
>　　智者确信那只鸟还活着，可是他知道只要他说小鸟还活着，这个冷酷的小男孩就会把小鸟攥死在手里，

然后摊开手说小鸟是死的。可是如果他说小鸟是死的，小男孩就会放小鸟飞走，以此嘲笑智者判断错误。

　　智者看着小男孩冷酷的眼睛，温和地说："孩子，它是死是活，全在于你。"

爸爸们，你的孩子会怎样，全在于你，你可以毁掉他，也可以让他展翅翱翔。

让孩子展翅翱翔，这是本书的目的。每一章都包含着一些基本原则和实际行动，来鼓励你的孩子展翅高飞。

我们最大的挑战

父亲们必须改变自己在孩子生活中的缺位现状——无论是身体、感情，还是教养上的缺位，而开始在孩子生活中发挥积极的、建设性的影响。

下面是父亲角色缺位的一些证据，令人无可辩驳。

- ◆ 只有4%的女孩子觉得她们可以去找爸爸聊一些严肃的话题。
- ◆ 初中的学生平均每周和爸爸专注交谈的时间是7.5分钟。
- ◆ 当被问及压力过大时会向谁寻求帮助，爸爸排在青少年所列名单中的第48位。

这些事实所传达出的信息让人非常震惊，美国的父亲们并没有在孩子的生活中发挥出重要的正面作用。这种父亲角色的缺位产生了非常大的负面影响。

在美国建国之初，甚至此后相当长的一段时间内，父亲都是承担培养孩子在智力和道德品格方面责任的主要角色。甚至就在50年前，孩子们每天还有三到四个小时和家庭成员互动沟通的时间。今天，这种家庭共处时间为14.5分钟，其中还有12分钟是以负面评论和谴责的形式度过的。

爸爸们，我们可以做得更好。我们可以给孩子提供无条件的爱。我们可以主动地培养他们。我们可以使他们的生活充满神奇的体验。我们也可以带领他们，培养他们的品格，帮助他们建立正确的道德观和价值观。

挑战是很大，但还有什么事情比这更重要呢？

成为喜乐爸爸的十二个关键步骤

如前所述，我写这本书的主要目的是要帮助你享受为父之乐，所以我要特别提出成为喜乐爸爸的十二个关键步骤。这十二个关键步骤——每章一个——是从哪里来的呢？

它们来自两个地方。最主要的一个来源是我多年来抚养三个孩子的切身体会。如果你认真读的话，应该就能看出我对做爸爸这件事很有激情。对某件事情很有激情，就意味着你不会感觉厌倦，并且会不断学习，最终变得非常擅长。伟大的哲学家黑格尔曾经说过:"我们可以完全肯定地说,世上没有一件伟大的事情是没有激情就能做到的。"我对于做爸爸很有激情,所以9年前我辞掉薪水优厚、前途光明的工作,选择自己出来创业。这只是为了可以有比较多的时间来陪孩子,尤其是在关键的性格形成期能够多陪陪他们。

第二个主要的来源就是其他几百位父亲的经验——这些都是我熟识的人,许多人也已经把他们的个人经验写成书了。我孜孜不倦地学习如何做父亲——从周围朋友和其他人身上学习,从文章、书籍和研讨会上学习,学习孩子们希望从父亲身上得到什么,学习什么教育方法才有效。许多时候我在其他人身上观察到的东西,或者从其他地方读到的东西,在我的个人经历中得到了印证,我就感觉非常欣慰。

我想明白地告诉你这些行动步骤的价值——它们都是久经试验,被证实为效果显著的方法。我亲眼看到它们在我家获得成功。并且,这些行动步骤是提炼出来的,从孩子们自己的话中——他们想从爸爸身上看到什么,以及他们的"好爸爸"做了什么;或是从那些见证,即这些行动步骤在家中产生效果的爸爸们的话中;或是从那些开展父子关系调查和访谈的专家们的话中。

本书中这些行动步骤和建议涵盖了成为一个好爸爸的基本方面,非常全面。当然了,我也不会说成为好爸爸的一切步骤全都在这里了。我把这些步骤给你,你可以从中挑选最适合自己实际情况的来操练。

本书可以按顺序从头读到尾，也可以不按章节顺序读。根据你孩子所处的年龄阶段，你可能会发现某个章节对你特别有意义。举例来说，如果你的孩子处于6—8岁年龄段，那么对于现在的你来说，显然不会觉得第五章关于青少年的内容有多重要，但是三四年以后，它的重要性肯定就大不一样了。在每章结尾都有一个"要点回顾"。它包含了本章的要点和实用建议，可以帮助你快速回顾一下，看看你可以从哪里开始，以及如何开始提高做爸爸的技巧。

给你的保证

这些行动步骤可以保证产生怎样的效果呢？我们无法保证认真做好每一条就可以收获一个好孩子。有太多的因素可能会使一个孩子走岔路。但是可以说，你越努力好好操练这些行动步骤，你的孩子就越有可能成为一个全面发展、对未来充满信心，并且有能力应对生活中各样挑战的孩子。因此，如果你把这些行动步骤有效地应用在生活中，我保证你会成为一个好爸爸。总之，你就能够尽到自己的责任。等你到了60岁的时候，就不用像许多人那样面对"如果我那时怎样怎样就好了"之类的痛苦——"如果我那时多花一点时间和精力陪陪我的孩子就好了……""如果我那时经常告诉他们我爱他们就好了……""如果我那时在他们需要我的时候能支持他们就好了……"

现在开始，并坚持到底

我想跟你分享一下为什么我会有这样一种"要立志成为一个好爸爸"的紧迫感。这种紧迫感来自一个让我感觉非常震惊的事实：如果你每周花一个小时的时间和孩子单独相处，那么到他18岁生日的时候，你们拥有的独处时间一共为39天。请再读一遍：39天！

所以我们必须马上开始成为一个好爸爸，开始享受这种为父之乐，而且必须坚持到底。有人说，成功和失败的区别就在于是否能够再坚持5分钟。是的，在和孩子相处时，有许多时候我们真的需要告诉自己说：再坚持5分钟！

要成为一个好爸爸，不可能一蹴而就，它更像是跑马拉松。在开始前就需要立下决心跑完全程，在前进的过程中我们需要忍耐，坚持到底方能到达终点。

就像跑马拉松一样，每一个到达终点的人都是胜利者。

我的家庭

如果我没有向你们介绍我的妻子和孩子，那将是我的一大疏忽。我在本书中会常常提到他们，并且他们也是我写作本书的主要灵感来源和"试验对象"。

卡罗尔是我的妻子和人生伴侣，喜爱阅读和思考。有时候她还是需要人连哄带骗才肯参加活动，但她一旦参加，一旦"投入进去"，就会很喜欢，并且会全心参与。无论是滑雪、打高尔夫、徒步旅行，或者参加我们的迷你逃生游戏，每次都是这样。她很有爱心，善于体贴别人，富有同情心。她在美国国务院工作已将近20年——近10年是兼职——如今她是美国国务院一位高级研究员。过去10年里，她一直在约翰·霍普金斯大学高级国际关系学院任教。作为她的粉丝俱乐部主席，我认为她对当代中国的了解不逊于任何人。但最重要的是，她知道生活中的优先次序是什么，因此她是我们三个孩子的好妈妈。

埃里克是我们的第一个孩子。他"多才多艺"，喜欢参加各种活动：运动、钢琴、数学、阅读、地理、军事历史、人类学、设计、画画和过山车——这些年来每样都迷过一阵。他动手能力强，常常边干边学。但他的性格有点完美主义，因此有时候会因为对自己要求太严，而无法尽情享受当前所取得的成绩。不过每当想到埃里克，我最先想到的就是他的道德感。他知道什么是对的，什么是错的，并且对犯错相当敏感，不单是在自己身上，对待周围的人和事也是如此。

克丽丝塔，我们的双胞胎女儿之一。她能够冷静、有条不紊地处理生活中的一切事。她的家庭作业写得十分认真，字迹工工整整，深受老师们的喜爱。她最擅长的（至少在小时候是这样）就是画画和音乐，不过她也喜欢读诗歌，常常"迷失"在书本中。但是她真正的天分是与人相处。在很小的时候，她就展现出一种对他人需要的深切敏感和关心。

基拉是活力这个词的最好注解。她总是充满热情、精力旺盛，永远都充满天马行空的想象力和好奇心，不畏艰难，永不退缩。这也是优秀学者的共同特征。不过这个"人体发电机"也是史上最甜美的4岁芭蕾舞女演员。现在跳舞是她最大的热情所在。就像卡罗尔和我常说的那样："如果她的才华和精力能得到恰当引导的话，就没有什么能阻止她成功。"

序章

为父的遗产

> 孩子失败的男人无颜自高。
>
> ——塞涅卡

  大部分的男人，包括曾经的我，可能也包括你，或许根本就没有考虑过作为父亲，我要留下怎样的财富。但是，男人在一生之中，还有什么比这更重要的呢？

  我说的不是钱、房子、汽车或其他物质的财富，这些是我们财富的一部分。我所指的主要是像回忆、影响力、价值观和信念等能够塑造孩子基本品格的遗产。我是这样考虑这个问题的：假设自己到了临终之时，回顾一生，那时想要给孩子们留下些什么真正宝贵的财富呢？我想那应该是我现在准备留给他们的为父遗产。

  作为一个父亲，你想要给孩子留下什么呢？我希望你认真思考一下。考虑这个问题的另一种方式就是问问你自己，如果你可以给每个孩子一份终身受用的礼物，那会是什么？

为父遗产的影响

让我们首先来看看,为父遗产可以产生何等强大的影响。毕竟,可能有人会反驳说:"你看,我只有一个孩子,我留下点什么对整个社会来说有何意义呢?恐怕除了我家孩子,根本没有人关心我留下什么为父遗产吧?"这个问题提得好。简要回顾一下约拿单·爱德华兹(Johnathan Edwards)的事迹就可以给我们一个很好的回答。

约拿单·爱德华兹生于1703年,是一位作家、思想家,也是普林斯顿大学的校长。但是,迄今为止他留给世界的最大财富就是他树立了教育子女的典范。他把自己的一生都奉献给了11个孩子,尽心培养他们。每天晚饭之前,爱德华兹都要抽出一个小时的时间,专心陪伴孩子。他每天会带其中一个孩子单独出城散步。简而言之,他在孩子们的生命中投入了大量的时间和精力。结果呢?

他的后代中,有案可查的就有:

◆ 120位大学教授;
◆ 110位律师;
◆ 60位著名作家;
◆ 30位法官;
◆ 14位大学校长;

- ◆ 3 位美国国会议员；
- ◆ 1 位美国副总统。①

借着宝贵的为父遗产，他不仅帮助了子女，也积极地影响了数百位子孙后代，甚至透过他们影响了整个美国社会。为父遗产确实可以产生广泛而深远的影响。

与爱德华兹的后代形成鲜明对比的是朱克斯家庭（Jukes）的后代。其中为人知晓的有：

- ◆ 440 人作恶自害，或伤或残；
- ◆ 310 人是职业乞丐；
- ◆ 130 人是被法庭判刑的罪犯；
- ◆ 60 人是惯偷；
- ◆ 55 人饱尝了不贞的苦果；
- ◆ 7 人是杀人犯。②

这种负面的为父遗产今日同样存在。有一位常去监狱服务的人说，在监狱里他没有遇见过一个犯人谈到自己父亲时会流露出尊敬之情，或者对自己父亲表现出好感。相反，犯人们对父亲的感情基本上逃不出憎恨、苦毒和无所谓这几样。

为要充分感受为父遗产的真实威力，我们需要看看孩子们

---

① ［美］史蒂夫·法勒：《重要人物》，摩尔特诺马出版社 1990 年版，第 48 页。
② ［美］查克·斯温道尔：《刚强的一家》，摩尔特诺出版社 1991 年版，第 76 页。

是怎样看待并回应父亲留下的负面遗产的。下面这个孩子的话，形象刻画出罗伯特·布莱（Robert Bly）——现代男人运动的发起者和主要领导人之一——所谓的"一种只有父亲才能满足的、深入骨髓的饥渴"：

亲爱的吉姆（Jim）：

说到你对爸爸耿耿于怀，这确实是一个问题，我也不知道说什么好。我可以告诉你的是，我也是。为此我有很长一段时间都在接受心理治疗，现在才差不多走出来。可以肯定的是，这对我影响很大……爸爸不可能改变。过去我很难承认这一点，所以一辈子都在努力，想从他那里得到一点点肯定和祝福，然而却一次又一次地失望。慢慢地，我也懒得尝试了。话虽如此，我还是会想念他的。因为在我心里永远都会有一块填补不了的空虚，就是那缺失的父爱和接纳。这是我永远无法改变的……爸爸很害怕一些东西，他害怕与人分享、交流，害怕承认别人做得好，也从来不会尊重不同的意见。谁要有点自己的生活见解，他就觉得自己的权威受到了挑战，所以他不能允许它们存在。他爱我们吗？是的，只不过是以他自己的方式罢了。但这种爱对我来说足够了吗？不，我需要他按照我的本相来认识我并且爱我。①

——两兄弟在通信中对他们爸爸的描述

这话在许多美国男人心中都可以引起共鸣。一位记者参加过布莱举办的学习研讨会，他描述了当布莱说到这种深入骨髓的对父爱的饥渴后现场的景象：

> 现在，随着十几个男人站成一排轮流与他亲吻道别，空气中就弥漫着这种饥渴的感觉，浓郁得几乎触手可及。布莱耐心地等候着，给这些三四十岁的男人无条件的拥抱。这是他们从来都没有从自己的父亲那里得到过的。他张开双手拥抱每一个人，亲吻他们的脸庞，与他们道别。现在，他就是所有人的父亲。

"好吧，"你可能说，"现在我相信为父遗产可以产生很大的影响力。我知道我有影响孩子的能力。那么现在我该怎么做，才能留给我的孩子和子孙后代一个正面的影响，使他们受益终身呢？"

一项针对全美青少年的调查显示，青少年非常渴望自己的生活能够充满爱的关系、亲情和良好的家庭沟通。

---

① ［美］查尔斯·威廉姆斯：《永远为父，永远为子》，胜利出版社1991年版，第142页。

孩子们希望得到哪种遗产

现在，让我们来听听孩子们想要从父母那里得到些什么。毕竟，他们才最清楚自己真正想要什么。

乔希·麦道卫（Josh McDowell）是上面提到的那个全美青少年调查的发起者，也是青少年问题方面著名的演说家。他曾讲过一个亲身经历的故事，从中可以看出青少年何等渴望得到爱和亲情：

> 有一次，一连许多场巡回演讲之后，最后一站到了亚利桑那州的凤凰城。那次我需要一周内连续在好几个高中演讲。有一天，我们就利用中午的时间，在一个学校的草坪上做了一次户外集会。那个高中大约有一千名学生，那天似乎每个人都来了，静静地坐在草坪上听讲员给他们讲"性"。
>
> 那个讲员就是我。我站在一个大圆鹅卵石上面，好让大家能看到我，声音听得更清楚一点。我开始讲为什么有那么多年轻人寻求真爱，想要拥有一段亲密关系，最后却沦为用性作为交易的筹码……我正讲到一半的时候，一群朋克青年走了过来，加入了听众……
>
> 22分钟过去了，我终于讲完了真正的爱和在汽车后座上上演的真爱的廉价替代品之间到底有何区别。许多孩子误以为得到这种廉价替代品就应该很满足了。

当我从石头上跳下来的时候，那个朋克团体的头领向我直冲过来！

就在那儿，当着近一千个学生的面，那个壮实的年轻人来到我面前，几乎都要碰到我的鼻子。我们离得那么近，以至于大部分人根本就没看到他的表情。他们看不到他双颊上汹涌而下的泪水，也没听到他问的那个辛酸问题："麦道卫先生，你能抱我一下吗？"

还没等我举起手来抱他，这个高高大大的朋克青年突然抓住我，给了我一个熊抱。他把头靠在我肩膀上，像个小孩子一样哭了起来。我抱住了他，我们就那样一直站在那里。如果有一个高大壮实的朋克青年抱着你，他脖子上的金链子深深地烙着你的胸，可能你也会觉得这个拥抱实在太久了。但是我可以看出这个孩子是真的很想得到这个拥抱。他不是故意要在我或谁面前演戏，他是真的想要一个拥抱。

最后，这个朋克青年向后退了一步，然后说出了一句许多青少年的心声："麦道卫先生，我爸爸从来都没有拥抱过我，也没说过他爱我。"①

请给你的孩子你全部的爱。关于这一点，我还有很多话要说，

---

① [美]麦道卫，迪克·戴依:《六 A 的力量:如何成为你孩子眼中的英雄》，黎颖、王培洁译，江西人民出版社 2011 年版。

因为若有哪位父亲想要给子女留下什么为父遗产,必须从这点开始。

这个基础打好以后,为父遗产的大楼很大程度上就需要靠你和孩子的沟通来支撑了。麦道卫先生再次提供了一些青少年对当今美国父子之间交流现状的反馈,读起来让人心酸。这些反馈是他在自己举办的一个学生营会中收集到的,那次营会共有六百位初高中学生参加。

> 那一周我听到最多的一个问题就是:"乔希,我爸爸这种情况,我该怎么办呢?"
>
> "你指的是什么呢?"我会问。
>
> "嗯,他从来不和我说话。无论在哪里,他都不和我说话,从来都不和我聊任何事。"
>
> 那一周内,从周一中午到周五中午,我一共做了16次演讲,举办了42场半小时咨询活动。如果有时间,我会办个300场,但我已经尽力了。在这42场咨询活动中,每次我都问同样一个问题:"你可以和爸爸坐下来聊聊吗?"
>
> 有一位同学说可以,其余41位同学都说不行。[1]

孩子们最想要的东西就是爱、亲情以及良好的沟通。如果

---

[1] [美]麦道卫,迪克·戴依:《六A的力量:如何成为你孩子眼中的英雄》。

你能给孩子一份这样的为父遗产，就能满足他所有的基本需求。这显然是最值得我们去努力实现的目标。

另一种宝贵遗产就是，一种值得孩子仿效的生活方式。你想要孩子品格优秀、正直、有坚定的价值观吗？那么，你自己就要先活出来。如果你做好榜样，就有机会教导孩子成为你希望他们成为的那种人。

查克·斯温道尔（Chuke Swindoll）曾写过20多本书，说父亲给他留下了两大宝贵财富。其一是生活中保持道德清白："我从来都不会担心我爸爸会有哪怕一丝出轨的念头。虽然他的工作环境中充斥了许多邪恶下流的男人，但他做人总是清清白白的，这种榜样真是让人难忘。"[1]

巧合的是，斯温道尔提到爸爸留给他的第二份财富，就是如何合宜地对待妻子——实际上，如果我们想成为孩子的榜样，就必须先做到这一点："我爸爸非常敬重我妈妈，每周末我都看在眼里。虽然有时候他们会有意见分歧，但是我从来没听过他粗声粗气地说话，更别说动手打人了。因此，我也学会了对妻子温柔忠诚。"丈夫合宜地对待妻子，其重要性是有据可查的。如果父母关系不和谐，60%的孩子会反映说，自己在家里感觉就像是个情感上的孤儿。

---

[1] [美]保罗·刘易斯：《知名父亲》，大卫库克出版社，第25页。

艰巨的任务

有人做过一项全国父亲调查,要求所有参与者对问卷中116项父亲做法的重要性进行打分,同时对自己在该领域的表现打分。其中,在父亲的哪种做法对自己很重要的选项中,四个得分较高的选项为:(1)表现出喜爱之情;(2)做个好榜样;(3)父母关系和睦;(4)内心成熟。可悲的是,这四个方面也是父亲们觉得自己表现最糟糕的地方。所以爸爸们,前面有一项艰巨的任务在等着我们。

要建立这些为父遗产,需要许多中产阶级中年男人真正解放心灵,学会放手。

他们必须允许自己在工作上不那么拼命,允许自己的工作时间不那么长,允许自己把时间和精力花在维护家庭关系而不是工作上,允许自己放慢生活节奏,以便能有时间在孩子需要的时候陪伴他们。下面这段话的重点是如果人生可以重来,但它也可以应用在如何过好我们的下半生上。

> 如果人生可以重来,我要多犯一点错误。
> 我要放轻松,恣意舒展,不妨更加傻气一些。
> 我不会把太多事情都看得很严肃。
> 我要多旅行,要活得更潇洒。
> 我要多爬山,去河里游泳,去看日出。

我要多走走，多看看。

我要尽情地吃巧克力，不想吃青菜就不吃。

我会少为想象中的困难发愁，多想想真实的困难。

你知道吗？我是那种每天时时刻刻都保持高度克制、循规蹈矩、生怕发生什么意外的人。

我有过一些难忘的快乐时光，但若人生可以重来，我要有更多这样的时光。

事实上，别的什么我都不要，我只要这种纯粹快乐的时光，我要一个接一个地过，而不是每天都在为好几年后的事情做准备。

我一直是那种没带体温计、保温杯、漱口水、雨衣、阿司匹林和降落伞就不出门的人。

如果可以重新来过，我会游遍名胜古迹，玩遍各样好玩的东西，我要轻装上阵地旅行。

如果可以重新来过，我会在早春的时候就开始光着脚丫子，一直到晚秋。

我要多翘课。

我不要成绩都那么好，除非是意外。

我要多骑骑旋转木马。

我要去采许多许多的雏菊，多享受享受天伦之乐。[1]

——佚名

---

[1] ［美］查尔斯·威廉姆斯：《永远为父，永远为子》，第21页。

放松是很重要的。但与此同时，为了留下一份合意的为父遗产，你也需要建立一些具体的目标。方法之一就是想象一下自己孩子5年之后的状态。现在想象一下，你希望他们到那时候可以拥有哪3样东西，然后把你为了达到这个目标所需要做的事情按步骤写下来。

另一种方法是，列出你希望孩子终生持有的5个最重要的品质。然后问问自己，我现在可以做什么，来强化他们拥有诚实、可靠等这些品质？问问自己，在过去一周内，我具体做了什么来培养这5个重要品质呢？要不断问自己这个问题。

这些目标是为建立你的为父遗产所设的，是你生命中少数几个不能请别人帮忙的责任。为父遗产，顾名思义，就是父亲所独有的责任。

说到建立为父遗产这个巨大责任，我想到了埃德蒙·伯克（Edmund Burke）的名言：

算我一人

虽然我只是一个人

但我是其中之一

虽然我没法做到一切

但我可以做到一些

我能做的，就要去做

算我一个

要点回顾

- 你想要留下一份怎样的为父遗产？这是你作为父亲所面临的最重要的问题之一。
- 一份为父遗产可以对你几百年后的子孙后代以及社会产生广泛而深远的影响。
- 思考"一种只有父亲才能满足的、深入骨髓的饥渴"。
- 孩子们最想得到的，即首要的为父遗产，就是让他们的生活充满爱的关系、亲情和良好的家庭沟通。
- "我爸爸从来都没有拥抱过我，也没说过他爱我。"
- 另一种宝贵遗产就是，一种值得孩子仿效的生活方式。
- 孩子们想要且需要这样一种遗产，就是如何合宜地对待并尊荣自己的妻子。
- 要允许自己在工作上不那么拼命，允许自己的工作时间不那么长，允许自己把时间、精力花在维护家庭关系而不是做事情上，允许自己放慢生活节奏，以便能够有时间在孩子需要的时候陪伴他们。
- 你不能让别人替你去完成打造为父遗产的目标。
- 虽然我只是一个人，但我是其中之一。

第一部分　全心陪伴

这部分要讨论我们学习做好爸爸的起点：全心投入，陪伴孩子成长。如果我们没有时间陪孩子，那么第二部分中所讨论的所有建造品格的妙招都无法实现。因为每一个招式都需要我们花时间和孩子在一起。我们不能通过远程操作来建造孩子的品格。

而且，如果在孩子小时候我们没时间陪他们，那么等他们长大了，即使我们有时间也没用了。因为这样的孩子一旦进入青春期，就不会再听父母的话，也不会尊重父母的看法了。

这就是为什么我们要用最基本的行动步骤——爱等于时间——作为本书的第一章。所有的孩子都渴望得到爱，但是他们不要我们单单把爱挂在嘴边，好像他们理所当然应该接受的某种东西。不，无论在哪个年龄段，孩子们都想要我们借着花时间陪伴他们来显示我们的爱。就像一位父亲带孩子去看自己小时候住的老宅子时说的："孩子，我现在对假期记得最清楚的就是我爸爸也在身边。没有什么特别的事，只是他也在那里。"

第一章　爱等于时间

最大的一种牺牲——就是牺牲时间。

——普鲁塔克

在孩子们的心里，爱等于时间。爱我就请陪陪我，就这么简单，又那么深刻。在这点上没有什么讨价还价的余地。有人说没时间陪孩子没关系，只要时不时给他一个短暂的优质时间就好了。这种观念和20世纪80年代雅皮士们追求满足人生一切欲望的思潮紧密相关。而那不过是个传说，并不能改变现实。没有人能凭空制造优质时间。我们不能简单地说："好，现在让我们开始共度一段优质时间吧。"不，所谓功夫在诗外。你需要先花许多时间和孩子在一起，然后才可能获得一段优质时间。这代人将会重新发现这个历久弥新的真理：孩子们真正想要，也真正需要的，就是父母大量的陪伴时间。

我特别喜欢下面这些话，这都是我在阅读一些相关的教养书籍时看到的，都谈到时间的重要性：

"父亲对孩子的教育，时间是关键因素。"

"俗话说'一寸光阴一寸金',这句话可以稍微改变一下,用来描述健康的家庭生活:时间能买合家欢。"

"时间提供了产生成功家庭的土壤——沟通、管教和价值观。"

我感觉自己很幸运,因为在我刚开始当爸爸的时候就已经学到了这些基本的"好爸爸原则"。而且,随着时间流逝,我发现这些原则变得越来越重要,以至于我在36岁的时候甚至辞掉了一份总统竞选班子的工作,出来单干。我想要趁孩子还小的时候多花时间陪陪他们。

为什么我会如此深信这点,甚至愿意辞掉一连串名利双收的工作机会出来单干,即使收入、保险和名声遭受损失也在所不惜,也要多花时间陪陪我的三个孩子呢?原因主要有两个:

一是我从一位我非常尊敬的人的口中听到的话。他就是理查德·霍尔沃森(Richard Halverson)。他在1981—1995年间曾担任美国参议院牧师。有一次,在一个为青年夫妻举办的营会中,他说自己最后悔的一件事就是在孩子还小的时候,他没有花足够的时间在家里陪伴他们。他说:"我永远都不会忘记我5岁的小女儿的话,她说:'爸爸,为什么你总是没时间在家陪我们?'"这话为什么会让我感触如此之深,久久不能忘怀呢?我也不知道。但是那时候我就下了一个决心,我要尽我最大的努力,让我的孩子不会说出这样的话。

另一个原因是《摇篮里的猫》那首歌。那不是一首普通的歌,它是专门唱给世界各地的爸爸们的。这首歌应该有一个大字标签："警告——这首歌会让你很难受。请做好进行深刻反省的准备。"

我把歌词放在下面，来表示对哈里·查宾（Harry Chapin）和桑迪·查宾（Sandy Chapin）的感谢，也希望歌词中所传达的信息能够触摸到更多爸爸的心。

摇篮里的猫

我的孩子几天前刚刚来到这个世上，
他到来的方式和其他人一样。
但是我有账单要付，我有飞机要赶，
他摇摆学步的时候我不在身旁。
不知不觉间他已学会了讲话，
长大的时候他会说：
我会变得和你一样，爸爸，
你知道我会变得和你一样。

摇篮里的猫，银色的汤勺，
忧郁的小男孩和孤独的男人。
"你什么时候回来啊，爸爸？" "我不知道，
但我保证，总有一天，
我们可以共度快乐的时光。"

我的儿子前几天满十岁,
他说:"谢谢你送的球,爸爸,
你能陪我一起玩吗?
你能教我投球吗?"
我说:"今天不行,
我还有很多事要忙。"
他说:"好吧。"
然后他就走开了。
但是他的笑容未曾黯淡,
他说:"我会长得像他一样,哦耶,
你知道我会长得像他一样。"

摇篮里的猫,银色的汤勺,
忧郁的小男孩和孤独的男人。
"你什么时候回来啊,爸爸?""我不知道,
但我保证,总有一天,
我们可以共度快乐的时光。"

哦,前几天大学放假回家,
不得不说他看起来真是个帅小伙。
"儿子,真为你骄傲,能不能坐下聊聊?"
他摇摇头,笑着说:

"我只是想借下你的车钥匙,爸爸,
再会了,请你现在就给我好吗?"

摇篮里的猫,银色的汤勺,
忧郁的小男孩和孤独的男人。
"你什么时候回来,儿子?""我不知道,
但我保证,总有一天,
我们可以共度快乐的时光。"

我已经退休很久了,我的儿子也搬了家,
前几天我给他打电话,
我说:"我想来看看你,如果你不介意的话。"
他说:"好啊,爸爸,如果我有时间的话。
你知道吗?我的工作很烦,我的孩子感冒了,
但是很高兴能和你通话,爸爸,
很高兴能和你通话。"
我挂了电话,突然想到了,
他真的变得像我一样。
我的儿子真的变得像我一样。

摇篮里的猫,银色的汤勺,
忧郁的小男孩和孤独的男人。
"你什么时候回来,儿子?""我不知道,

但我保证，总有一天

我们可以共度快乐的时光。"①

下面是一个孩子写的作文《爸爸回来了》，道出了无数孩子的心声：

真正的礼物是爸爸回来了

霍华德·曼（Howard Mann）

小时候，我每次出门都要和爸爸妈妈吻别。

我喜欢吻妈妈，因为她的脸很温暖很柔和，而且她身上有一种薄荷的香味。我喜欢吻爸爸，因为他给人一种粗犷的感觉，像是威士忌，我也喜欢他身上雪茄和金缕梅的味道。

十岁的时候，我觉得自己现在太大了，不能再亲爸爸了。亲亲妈妈，还是可以的，但是爸爸嘛，大男孩应该和爸爸握手——就像男人和男人之间那样才对。

他好像没感觉出来我有什么变化，或者也许是不介意。至少他从来没有对此发表过任何看法。不过话说回来，除了他的生意之外，他从来也没有对任何事

---

① 《摇篮里的猫》，词：哈里·查宾、桑迪·查宾；曲：哈里·查宾，纽约，故事歌曲公司，1974。

发表过多少看法。

所以我也好像若无其事似的,什么也没说。现在回想起来,我想这也许是我和他赌气的独特方式。直到那个时候,我一直都觉得自己在他心里是很特别的。因为每天他都会从他那个神秘的世界回家,并且给我一份奇妙的礼物,只给我一个人:有时候是一个很小的球棒模型,上面有全垒打王贝比·鲁斯(Babe Ruth)的签名;有时候是一块真正的蜂巢,看起来方方正正,好像一块华夫饼,里面灌满了蜂蜜;有时候是外国风味的土耳其果冻糖,外面撒着厚厚的糖霜,紧实地塞在一个很小的小木盒里。

每天晚上,我多么盼望他回家来啊!门突然被推开,看哪,他就站在那里!我就会飞奔过去,抱住他,他总是一下把我举得高高的。

这一切在我七岁生日那天达到了巅峰。那天早上,大家还没起床的时候,我就醒了。我踮起脚尖悄悄走到餐厅。就在那儿,在那沉重的桃花心木桌子上,有一块小小的方形腕表,带着棕皮表带,放在黑色的天鹅绒盒子里!这真的是给我的吗?我拿了起来,放在耳边。它在嘀嗒嘀嗒响哩!不是那种给五到十岁小孩的玩具表,真的是一块大人们戴的那种真正的手表。我跑到爸爸的卧室,把他叫醒,亲个不停。难道真的有比我还快乐的小男孩吗?

后来，一切都变了。刚开始，我还没注意到发生了什么。我以为是因为我一直都太忙着上学、玩游戏和交朋友了（我们每两年就要搬一次家，总是在找租金更便宜的地方）。

每晚的惊喜慢慢没有了，再也没有球棒模型或是蜂巢。爸爸渐渐地从我生活中消失了。他总是回来得很晚，总是在我睡着以后很久才回来，回来的时候也是空着手。我很想他，但是我不敢说什么。我希望他有一天会突然很奇妙地回到我身边，就像他奇怪地突然从我身边消失一样。不管怎样，大男孩也不能老是想黏着爸爸。

他去世好多年以后，妈妈谈到大萧条如何"使他失去了活力"，大萧条使他做一个"大男人"的梦想破灭了。他再也没有钱买小礼物了，他也再没有时间陪我了。

现在我很后悔。我看着他的照片，他深褐色的眼睛周围布满皱纹，我心里多么希望他还活着。我会告诉他我现在过得如何，和他聊聊他感兴趣的事情——政治、外国的事情以及生意。我也会抱着他说："爸爸，你不用带给我任何东西——只要早点回家就好了。"

我也会吻他。[①]

[①] ［美］杜布森：《做父母不能太软弱》，张丽雪译，江西人民出版社2011年版。

今日缺位的父亲

今日有多少男人还活在查宾的歌里？我们无法得到准确的数字，但是数据显示，人数是相当的多。有一项研究估计，如今父亲们每天与每个孩子共处的时间约为 15—20 分钟。

研究人员在孩子身上安置麦克风，录下了所有的声音。收集到的数据显示，父子之间平均对话时长为每天 37 秒。另一项研究发现，美国父亲们每天给每个孩子专注的独处时间为 35 秒。与此同时，孩子们每周花在看电视上的时间为 30—50 个小时。美国的孩子们和电视中的男性，以及电视中的爸爸们相处的时间，是和他们真正的爸爸相处时间的 10 倍。

这些都是事实。幽默作家艾尔玛·邦贝克（Erma Bombeck）——她以惟妙惟肖而又极尽讽刺的写作手法闻名——曾给我们描绘了一个从来都没有花时间陪孩子的父亲的生活情景，一点都不好笑：

> 有一天早上，爸爸起床后没去上班。他去了医院，第二天就死了。
>
> 我之前很少会想到他。他只是一个早出晚归、晚上回来似乎很开心见到大家的人。大家都打不开酸菜瓶时就让他来开。他也是家里唯一敢独自去地下室的人。
>
> 他刮胡子的时候刮伤了自己，但是没有人会去亲

吻那个伤口，也没有人大惊小怪。大家都知道，下雨的时候他会去把车开过来，停在门口。有人生病的时候，他会拿着处方把药买回来。他给大家照了很多照片……但他自己从来不在照片里。

每次过家家的时候，妈妈玩偶总是有许多事情要做。我从来不知道爸爸玩偶应该做什么。所以我让它说："我要上班去了。"然后就把它扔到床底下。

追悼仪式设在我们的起居室，来了很多人，带了各种各样好吃的食物和蛋糕。我们家里从来没有来过这么多客人。

我回到房间，伸手到床底下去摸那个爸爸玩偶。找到的时候，我把它身上的灰尘弹掉，放在床上。

他什么也没干。我不知道为什么他走时会让人这么伤心。①

为什么爸爸们总是不明白，孩子想要的是他们的时间和关注呢？一个很重要的原因就是，他们中的许多人从来都没有遇见过一个很好的榜样。他们的爸爸也从来都没有陪过他们。许多调查研究结果都指出了这一点。其中一项调查是针对370个20世纪60年代中期从哈佛大学毕业的男人的，这些人是我们社会中所谓的"成功人士"。塞缪尔·奥舍森（Samuel Osherson）

---

① [美]艾尔玛·邦贝克：《家庭——捆绑与辖制人的绳索》，福塞特出版社1988年版，第2页。

总结其调查研究结果时说:"采访这些三四十岁的男人使我深信,父亲在家庭中心理缺位或身体缺位是我们这时代最被低估的悲剧之一。"① 奥舍森也引用了其他调查中的类似结果来证实自己的观点。

心理学家杰克·施特恩巴赫(Jack Sternbach)在研究了71位病人的父子关系后发现:

> 23%的男人生活中存在父亲身体缺位现象;29%的男人生活中父亲要么工作太忙,要么对儿子没有兴趣,或者在家里表现太弱势而导致在孩子心理上缺位;18%的男人的父亲因为太过严厉,或太过假道学,或与孩子感情疏离而造成在孩子心理上缺位;15%的男人的父亲是危险分子,并且似乎无法控制自己,让儿子很害怕。只有15%的病人显示他们的父亲在儿子生活中有合宜的表现。②

在一项研究中,乔治·瓦利恩特(George Valliant)采访了一群年龄均为47岁的男人,他们都是成功的商人、科学家和学者。结果,他却发现"95%以上的人不是觉得父亲是反面教材,就是觉得父亲对自己没有什么影响力"。③

---

① [美]塞缪尔·奥舍森:《找到父亲》,福塞特科伦拜恩出版社1986年版,第6页。
② 同上,第7页。
③ 同上,第54页。

父亲角色缺位对孩子具有负面的影响，这一点是毋庸置疑的。在20世纪80年代，据估计有800万—1000万儿童有感情混乱或成长困难问题。肯特·海斯（E. Kent Hayes）——他从事破碎家庭的儿童成长方面的研究已有25年——的研究指出一个让人惊讶的重要因素："父母的忽略是导致儿童问题的主要原因。"

父亲缺位会给孩子带来毁灭性的影响，也会带来沉重的社会代价。自从20世纪50年代以来，离婚率已经上升至原来的3倍，非婚生子数量增至原来的4倍，20—49岁的男人平均只有7年时间在家和孩子们住在一起。这个平均时间与过去50年相比几乎下降了近50%。结果呢？在单亲妈妈家庭中成长的儿童，长大后贫穷的可能性比在双亲家庭中成长的儿童高了6倍。在青少年惩教机构中，超过70%的孩子没有父亲；精神病院中的青少年，这一比例更高达80%。

陪伴的首要原则

好了，问题说得够多了，解决之道是什么呢？

我要和你分享一系列非常实际的"怎么做"。但是在开始之前，我要告诉你一些关于做好爸爸以及陪伴孩子的首要原则。

- ◆ 孩子最珍视的就是爸爸的陪伴，远超其他的一切。
- ◆ 你对孩子施加重要影响的时间并不多。
- ◆ 很少的时间 = 很小的影响

- ◆ 机不可失,时不再来。
- ◆ 世上的各种事情,如截止日期、合同签订等都等得起,以后还可以再有;孩子的成长却不会等你。
- ◆ 和家人在一起的时间永远都不可能"太多"。
- ◆ 偷走家庭幸福的大盗就是过多的活动安排。
- ◆ 无论父母想和孩子建立怎样的亲密关系,几乎都必须在12岁之前建立——12岁以后就很难建立起来了。
- ◆ 先要有陪伴时间的量,才能有陪伴时间的质。
- ◆ 如果在孩子还小时花时间陪伴他,在他长大后就还有机会,甚至他会请求你陪伴他。
- ◆ 听到的事会忘记,看到的事会记得,亲身做才会明白。
- ◆ 真的会有一天叫作"太迟了"。

我相信这些原则已经催促你下定决心多花时间陪孩子了。现在你可以做什么呢?第一步怎么做才好呢?

陪伴之爱的行动步骤

第一步就是,计划一下你要在什么时间陪孩子,在你的日程表中列出来。

要将与家人约会列入你的日程安排。在工作中你会使用时间管理方法,为什么在家中就不用了呢?不管你想每天抽出一些时间,还是每周末抽出一些时间,比如2—4个小时。不管你决定用多长时间，都要马上把它记在日程表上，否则很可能很快就懈怠了。并且，别忘了和妻子一起分享这个日程表。

我常用的做法是准备一些可以随时进行的小型探险行动。小型探险行动是为期1—2天的短期旅行（一般都是在周末），地点可以在家附近。孩子们会非常兴奋。

有一天我在看华盛顿特区附近的旅游景点宣传册的时候，突然想到了这一点。我知道如果不把这些景点列下来，每年计划去几处，那么最后我肯定就会错过许多地方。所以我马上就列了一个单子，标出了一些便宜的或者不需要为花费太纠结的——这个便宜是基于孩子的情况、我们的观念和预算而言的——可见我们社会中的商业化多么无孔不入。幸运的是，这个想法最后大体还算成功，因为孩子们到了那些地方，完全没有像在游乐园里那样要求买这个买那个，或花许多钱玩这个玩那个。事实上，他们都为自己的节约简朴而自豪。

我是大约7年前就列了这个单子。最近我清点了一下，看看我们到底都去过了哪些地方。在一日游的清单中，16个景点我们已经去过10个。包括巴尔的摩内港（Baltimore's Inner Harbor）、弗吉尼亚州博览会（Virginia State Fair）和布卢蒙特集市（Bluemont Fair）。

两天往返的景点，战果就不这么理想了：20个景点去过5个。但是，有一个地方却变成了大家最喜爱的地方：我们每年秋天都去的卡卡彭州立公园（Cacapon State Park）。为了让你知道这些短途旅行大概是怎样的，下面是我们计划去的一些项目：徒步乔治·华盛顿国家森林（George Washington National Forest），卡斯观光铁路（Cass Scenic Railroad）上坐火车（是那种老式蒸汽动力火车，慢慢爬行在西弗吉尼亚群山中），还有竹筏漂流，我都等不及了！

若你已经预留好时间，并且决定好优先次序，就要雷打不动地执行。无论发生什么都不能打乱这个计划——无论是电视直播球赛还是总统来访。也要确保孩子不要参加太多的课外兴趣班，以免他们的活动和出行时间冲突，最后害得大家都去不成。如果没有这种决心，那么各种各样的其他活动就会慢慢挤占掉这专门预留的出行时间了。在生活中，"好的"往往会将"最好的"挤出去。

另一种做法就是花一些时间去发现每个孩子目前的兴趣爱好，然后试着去培养一个共同爱好。比如，过去这一年我儿子对过山车特别着迷，所以我就安排了一个周末去匹兹堡附近一个游乐园，那里有最高最快的过山车。不用说，旅行取得了巨大的成功。但是我也想强调一下下面这种快乐——免费的——就是安静地听埃里克给我讲过山车的事，帮助他把过山车的故事写下来，帮他找找相关的书，赞美他在我们乒乓球台上搭建的过山车模型等。

不过，你应该尽量避免乔希·麦道卫转述的这种情况：

"我主动提出带儿子出去玩，但是结果他觉得一点都不好玩——整个出行计划从头到尾都非常失败。"

"你带他去玩什么了？"我好奇地问。

"哦,我喜欢打高尔夫,所以我带他去打高尔夫了。"那位爸爸有点不好意思地说,"结果他讨厌打高尔夫,所以我猜可能是因为这个吧。"①

以自我为中心来做决定常常会导致许多"可能是因为这个吧"的结果。记住,要努力寻找他们感兴趣的点——去他们喜欢的地方,而不是你喜欢的地方。孩子会感激你的。

他们似乎总是可以留出时间来给我,可以为我停下他们手头的事,来和我一起做我感兴趣的事。我真希望自己那时候能像现在这样了解这一点,因为我觉得自己那时对他们不够感激。我也有点为我的朋友们感到难过,因为他们的父母总是"太忙"而不能参加他们感兴趣的活动。但是我无论参加什么体育运动或班级表演,我都可以说至少有两个粉丝在支持我。②

有些爸爸需要出差,这会使情况变得特别棘手,但也有一些很有创造性的解决办法。其中一种就是出差时带上一个孩子。可能你会觉得这不可能,根本行不通。听听托尼·坎波洛(Tony Campolo)怎么说吧。他是大学教授,也是一位演说家,总是在各处旅行演讲。"可能你们一方面很想陪陪孩子,另一方面又

---

① [美]麦道卫,迪克·戴依:《六A的力量:如何成为你孩子眼中的英雄》。
② [美]雷伊·瓜伦迪:《回归家庭》,维拉德出版社1990年版,第118页。

不得不大量出差,所以两边为难。我强烈建议这样的父母试试我们的办法,把孩子带上。我和孩子一起上路,共同度过了许多美好的时光。"①

需要经常出差的爸爸可以尝试的另一个办法就是,当你在家的时候,尽量多和家人一起参加一些好玩的活动。你喜欢网球吗?那就和家人打打网球,或者至少和家里某个喜欢打网球的人多打打。你喜欢游泳吗?那就和家人一起去游泳。换句话说,尽量把你在家的时间用在全家集体活动上面。并且,在你坐飞机或者开车回家的路上,就要把工作的事丢开,专注在家人身上。要下决心把工作留在身后,想想回家以后你可以和老婆孩子做什么。

你真的想不惜一切代价,确保有足够的时间陪孩子吗?那就要有一个坚定的立场,坚决不在重要的全家人团聚的时间(比如晚上或周末)工作。看看下面这位父亲的决心。他是位摄影师,生意特别好,因此常需要出差拍摄。

> 为了在不断发展的事业和深爱的家庭之间保持某种平衡,他开始制定并严格遵守一项特别的规定:不在周末工作。无论谁邀请他,摇滚明星也好,总统甚至英国女王也罢,只要工作时间是在周末,他就坚决拒绝。他下定决心,周末只属于他的家人,绝不破例。②

---

① [美]托尼·坎波洛,巴特·坎波洛:《未开口的话》,第33页。
② [美]玛丽安·尼弗特:《妈妈的育儿指南》,达顿出版社1991年版,第28页。

和每个孩子都有点独处的时间是绝对必要的。如果能每周一次就太好了,每月一次也会比大部分爸爸们做得都好。保证跟孩子有独处时间,无论做什么,都会向孩子传递一个信息:"我觉得你很特别,我想要和你在一起。"一般来说,独处时间常常是一个特别宝贵的机会,孩子会更愿意和你说心里话。

你可以试试下面这个特别的做法,孩子们应该会很喜欢。告诉他们:"今天(这周)我会给你30(60或90)分钟的时间,你想做什么,爸爸都可以陪你一起。"也许这就是你能给他们最好的礼物了。这就是俗话说的一种"受益无穷的礼物"。有一个故事很好地告诉我们,即使有时候父亲完全没有意识到,但孩子们也可以很容易感觉到这是一个"受益无穷的礼物"。

> 据说,博斯韦尔(Boswell)——写作塞缪尔·约翰逊(Samuel Johnson)传记的著名作家——常常提到他小时候,爸爸会在一个特别的日子里带他去钓鱼。直到他长大之后,这个日子都深深印在他脑海里。他常想起他和爸爸一起钓鱼时,爸爸教会他许多东西。有个人因为经常听到这个特别的故事,后来就去查了博斯韦尔父亲的日记,想看看他爸爸是如何从父母教育的角度看待这件事情的。翻到那个日子,他发现日记本上只有一句话:"和儿子去钓鱼,浪费了一天。"[1]

---

[1] [美]戈登·麦克唐纳:《有效的父亲》,丁道尔书房出版社1977年版,第79页。

我很享受带我的某个孩子去餐馆的时间。这个习惯始于某天埃里克和我恰好在午餐时间走到切萨皮克湾海鲜店（Chesapeake Bay Seafood House）附近。我知道这是他最喜欢的饭店，就带他走了进去，给他一个惊喜。这种单独和爸爸两个人外出就餐的感觉使他觉得很新奇，所以他就鼓励我以后再来一次。我说："哦，你的意思是另一次只有男人参加的午餐？"我们一拍即合，所以从那以后我们已经有过好几次单独的午餐和早餐了。

我其中一个女儿对这次午餐的反应是这样的："太不公平了，我也要这样。"刚开始我就逗她，这是"只有男人的午餐"，所以没办法带她参加。开过几次玩笑之后，我终于向她和她姐姐保证，我也会带她们每个人去"父女约会"。她们非常高兴。

不需要去什么高雅餐厅，也无须高消费。你一辈子里只有这时可以毫无顾忌地夸口："你想去什么地方吃都可以，我保证带你去。"在麦当劳里面，你也可以大方地表示："想吃什么随便点。"看到她眼睛发亮地说："真的吗？连奶昔都可以点吗？"你可以说："是的，连奶昔都可以点。"

我应该补一句，卡罗尔和女儿们也有女孩子单独外出的活动。事实上，你和妻子可以在这些活动上"专业分工"。例如，我和埃里克在运动和过山车上有共同爱好；在历史和世界局势的长期辩论中，卡罗尔担任他的导师，并且还在后院的迷你高尔夫上打败了他。

下面是一个非常有用的一对一活动清单。这是在《回归家庭》（Back to the Family）这本书中，100个特别出色的家庭推荐的：

- 无论什么时候,假如孩子骄傲地向你展示他所做的东西——拼图、图画、积木房子——问问他,能不能再做一次,你很想看他做。
- 如果你有某种爱好——园艺、木工、雕塑、绘画——邀请孩子在边上看你做,并且向他介绍一些基本的东西。
- 用录音机给每个孩子录一个语音日记。录下他最早的声音——笑声、哭声、温柔可爱的说话声,说的第一句话、唱的第一首歌和数数。一句话,记录下他语言发展的每一步,创造一个永久的时间胶囊。
- 带孩子去看看你的工作室。如果可能的话,让他和你一起待一天。事实上,在孩子们"最喜欢和父母在一起的时间"清单中,这种"看看妈妈爸爸工作的地方"是排名第一或接近第一的。①

如果有时候你觉得要挤出时间单独陪每个孩子实在太难,感觉有点气馁的话,就想想苏撒拿·卫斯理,她除了约翰和查尔斯·卫斯理这两个孩子之外——这两人一个是循道宗教会的创始人,一个是著名的赞美诗作家——还有17个孩子。每周她都至少给每个孩子一小时的单独陪伴时间。这才是用陪伴来传达爱。

---

① [美]雷伊·瓜伦迪:《回归家庭》,第125—126页。

要点回顾

- 孩子们真正想要,也真正需要的,就是大量和父母在一起的时间。
- 5岁的小女儿说:"爸爸,为什么你总是没时间在家陪我们?"
- 一个接一个的调查都显示,爸爸们很难挤出时间陪孩子。
- 孩子最珍视的就是爸爸的陪伴,远超其他的一切。
- 世上的各种事情、截止日期和合同签订等都等得起,以后还可以再有;孩子的成长却不会等你。
- 第一步就是,计划一下你要在什么时间陪孩子,在你的日程安排中特意空出来。
- 花点时间去了解每个孩子目前的兴趣爱好,然后试着去培养一个共同爱好。
- 经常出差的父亲,可以带上孩子一起出差。在回家的路上就开始把心思放在如何安排家庭集体活动上。
- 抽时间单独陪孩子,向他传递一个信息:"我觉得你很特别,我想要和你在一起。"
- 要立场坚定,坚决不在重要的全家人团聚的时间(比如晚上或周末)工作。

第二章　把握时机

> 生活如果不是一场大冒险，就毫无意义。
>
> ——海伦·凯勒

　　本章要集中讨论的主题是生活激情——富有生活激情也是我的一大特征。许多为父之乐，并不一定会发生在精心策划的重大活动或假期中，反而是在每天的日常琐碎中不时闪现。我们这些爸爸们所需要做的，就是采用海伦·凯勒的生活态度，把每一天都看成是和孩子们一起开始新探险的绝佳机会，并借此在他们心里注入对生活的激情。把握时机！

　　善于把握时机的爸爸有一个共同特点，就是不刻板，能灵活变通。我们没法通过刻意的计划来创造精彩瞬间。我喜欢杰克森·布朗尼（Jackson Browne）的一句歌词："我们最快乐的时光，得来全不费工夫。"把握时机有点这个意思——这个时机是水到渠成、自然发生的，可能完全出乎我们意料，不过这也是其中的乐趣之一。

　　这种变通也会对孩子们产生很大的影响。有一个青春期女孩子告诉我，有一次，她父母看到她因为在学校里和朋友们碰到一些问题而心情沮丧，于是马上取消了他们原本安排的晚上的活动——以防她需要倾诉，家里却找不到人——为此她很感动，觉得自己被深深地爱着。

要灵活变通，就需要专注当下。如果总是想着未来，就很难把握现在。就像保罗·图尼耶（Paul Tournier）所说的："大部分人一辈子都花在无穷无尽地为生活做准备上。"

要带着热切期盼的心迎接每一天，看看今天又有怎样的惊喜。

你若专注当下，就会很容易看到，其实有很多零碎的时间可以利用起来，以不同的、创造性的方式和孩子一起共度。本章给出的许多建议，实现起来都用不了 5 分钟，有的甚至 1 分钟都用不了。当你用一些好玩的活动或者关心的话语来充满这些零碎时间时，就是不断地在向孩子发出一个无声的"我爱你"。即使很小的孩子也可以接收到这些信息，正如下面这个和爸爸一起散步的回忆——回忆中的这次散步发生时，小男孩才 4 岁。

当我们手拉着手穿过他最喜爱的小树林时，英国一贯的潮湿阴冷似乎也被某种神秘魔法驱除了。每当他看到一只野兔或是小鸟时，他就会抓住我的手，指给我看，我总是惊喜得说不出话来。最奇妙的是橡子。

他给我演示怎么样把橡子从根部的托盖上拿出来又放回去。他的手很大，而橡子非常小。

为什么这个记忆会如此生动清晰？为什么这么平凡的小事能够触动我如此强烈的情感？我不知道。我只知道他后来对我的种种不耐烦，都不能抹去这段记忆。当我想要努力回忆一个他对我不耐烦的情景时，我常常想不出来，但是我的心思却常常会回到那次散步的喜乐之中。①

在家庭中

过去27个小时里，我已经以三种不同的方式把握时机，制造美好的亲子时光了。第一种是昨天晚上基拉和克莉丝塔在练习钢琴二重奏，当她们弹完最后一个音符时，突然从远处响起了我热烈的掌声，以及大声的"棒极了"的赞美。话虽简短，但这表示我很享受她们的钢琴演奏。

第二种是今天早餐的时候，基拉突然扑到我怀中。这种事情通常都不是发生在最方便或最好的时间。比如常常是我正端着一杯咖啡想要放松一下，或者是我还端着碗在吃早餐水果，她就扑过来了，所以自然的反应是："等等，没看到我还没吃完吗？"但我从来不这样说。因为我知道这种父女关系太重要了，

---

① [美]弗吉尼娅·赫思：《他们做对了什么》，丁道尔出版社1974年版，第13页。

尤其是女儿已经快接近青春期时。

　　第三种也是和基拉有关。这也使我想起来，这种亲子时光常常是周期性的，某段时间某个孩子会和你比较黏，其他时间又不一样。在每个孩子的不同阶段，亲子时光的性质和强烈程度都不一样，而现在恰好是基拉和爸爸特别亲密的时期。我在某个地方读到说，每天送孩子上学和欢迎他回家的时候，都可以变成一个特别的时刻。所以每次送孩子上学的时候，我都尽量特别热情地说："祝你今天一切顺利哦！"然后给每个孩子一个吻。但是基拉和我有一个特别的仪式。每次她走到我们家的车道那儿，就会转身面对着我，然后我们会同时开始挥手告别。就这样，她会一边挥手，一边慢慢地后退，一直退到信箱那儿。到了挥手仪式将要正式结束的时候，我们俩会开始激烈地挥手，然后同时转身回去。我知道，女儿挥着手一步一步沿着车道后退的画面将会定格在我的记忆里。我想她心里很长一段时间肯定也会有爸爸站在大门口挥手的情景。

　　听起来也不是什么了不得的事，对吧？但是，每天都有一点这样零星的爱和喜乐，这一天就会变得特别。这是多么美妙的感觉啊！

　　即使你感觉很累，或是情绪有点儿低落，根本不想动了，这里也有一个很有用的小妙招可以帮助你把握当下。当孩子在这种时候来求你做什么事情时，先不要忙着说"不"或"等会儿"，先望着他的眼睛，看个5秒钟。就这样——5秒钟——看看结果会怎么样。有位爸爸描述了他没有立马说"不"的时候所发生的事：

我刚刚坐下拿起报纸,艾伦就从门外飞了进来,嘴里喊着说:"爸爸回来了,爸爸回来了!"他跳进我怀里,把报纸推到一边,抓着我的脸,使我不得不看着他的眼睛,然后说:"嗨,爸爸,想一起玩吗?"

我不想,但是我也想不起上次和他一起玩是什么时候了。所以我放下报纸,找出一摞儿童书,我们俩第937次一起笑着读完了《小狗跑跑跑》。

艾伦太小了,根本不知道工作有多累。他甚至不知道牧师究竟是干什么的。但是他确实知道,如果爸爸爱他的话,就会愿意读书给他听。

后来,我匆匆忙忙拿了点吃的东西就出去参加聚会了。"再见,爸爸,"他叫道,"我爱你,很爱很爱你。"

我顿时觉得精神百倍起来。①

我特别珍惜的两种"宝贵时光",其中之一是抱着基拉和克莉丝塔跳舞,那时她们还只有四五岁。每当我听到一首很好听的歌曲时,就会让其中一人上来,抱着她跳个一两分钟。我抱着她们跳,她们则轮流把头靠在爸爸的肩膀上休息。

另外一种就是围绕着埃里克不同时期的不同爱好,我和他所享受的许多时光。他6岁的时候迷上了地理,所以我常常被

---

① [美]斯蒂芬·布莱:《如何做个好爸爸》,穆迪出版社1986年版,第61页。

考问某个偏僻的城市是在地球的哪里，或者惊奇地听他一口气背出他知道的 126 个国家的名字。他 9 岁的时候，喜欢漫画里的 G. I. 乔（G. I. Joe）。我常常会听他详细地描述最近一次乔和杀手眼镜蛇之间的斗争，或者去观赏他在我们的小树林里面搭建的防御工程。他 12 岁迷上军事历史的时候，我会看他做的公元 700 年—1300 年间发生的所有军事战役的清单。在他 14 岁喜欢上过山车的时候，我会听他滔滔不绝地讲他迄今为止坐过的过山车次数，或者回答他诸如"你最喜欢的 5 个木制过山车"之类的问题。

回顾这些零星的时光，大体感觉就是，大约 70% 的时候可以算是享受，30% 的时候感觉有点无聊，必须要从心底强行搜出点兴趣来才行。但我之所以把精力放在这些零星时间上，是因为我知道，这是在和儿子建立真正的联结和关系，并且是真正在建造儿子的生命。他在这个年纪，常常会突然对某件事表现出极大的兴趣，每次大约持续 12—18 个月。这是这个年龄段的特征。

我真的从埃里克身上学到了很多关于地理、化石、军事历史和过山车的事（我不知道漫画人物乔算不算学到的东西之一）。

这一切都是为了进入孩子的世界。如果你能够打开自己的心，就会意外地发现这是一件很愉快的事。

你可以和孩子做各种各样的事，从最疯狂古怪的到最严肃有意义的都可以。下面是我听说或读到过的一些：

和孩子一起干过的疯狂古怪的事

- 在卧室里吃正餐——要铺桌布之类的、很正式的那种。
- 吃一顿汤姆·琼斯式的晚餐,什么餐具都不能使用(这个最好是在厨房进行)。
- 某顿饭规定人人都必须用他比较不灵活的那只手吃。
- 在家里客厅地板上和孩子们摔跤,直到大家都筋疲力尽为止。
- 开一场特别的"庆祝星期一"派对,准备大家最喜爱的食物和点心——没有特别的目的,只是为了向孩子表示你多么在乎他们。
- 在吃饭时让孩子扮演爸爸妈妈。
- 告诉某个孩子:"今晚我们听你的,你想做什么?"

和孩子一起干过的较为严肃、有意义的事

- 邀请孩子帮助你一起准备一份给妈妈的特别惊喜——一顿特别的晚餐、一个"感恩妈妈之夜"等。
- 给每个小孩写一封信,然后寄出去。
- 拿出家庭相册,一起回忆你或者你的孩子刚出生或蹒跚学步时的样子。
- 让某个人描述一下自己的家——就像第一次向新朋友介绍自己家一样,字数限制在100个字以内。
- 在晚餐时要求每个家庭成员分享一件今天发生的好事。
- 孩子生病的时候,给他特别的爱和关心。

最后一个建议：要及时回应孩子的主动行动。记住：亲子关系永远都比最美味的浓汁肉汤更重要：

> 一天晚上，我的朋友玛丽莲（Marilyn）正在准备晚餐要的滑肉，这时十几岁的儿子突然冲进厨房，大叫道："妈妈，快出来，我要给你看个东西。"
>
> 做浓汁肉汤的时候最重要的就是要不断地搅拌，才能做出来那种滑嫩的口感。玛丽莲又是一位美食家，非常想做出一顿完美的晚餐，所以在那个关键的准备阶段，她几乎要脱口而出："不能等一会儿吗？我得搅拌肉汤啊。"但是她心里面有一个声音在说："去吧。"毕竟儿子有几周时间都没有和她说任何事，甚至都不愿意和家人在一起了。所以她就关掉灶火，移开肉汤，走到外面。儿子指着西边的地平线惊叹地说："妈妈，看！这是不是你这辈子看过的最美的夕阳？"他们俩就一起看着，直到最后一缕阳光消失为止。[1]

浪费时间？如果你觉得滑肉才是你生活中最重要的东西的话，也许你真的会这样想。但就像这位母亲说的："如果每天都能和我十几岁的孩子有一段那样的时光，吃肉疙瘩我都愿意。毕竟，浓汁肉汤吃过就算了，但是我和儿子之间建立的关系却可以维持一生之久。"

---

[1] ［美］凯·库兹玛：《黄金时间养育》，罗森韦德出版社1980年版，第21页。

户外活动

我是户外活动的狂热爱好者,所以我总是尽可能地带孩子去参加各种户外活动。不用费神想,三个宝贵的户外活动马上就出现在我脑海中了。

第一个就是周一下午的外出活动。我们县小学周一是下午1:15放学,这给了工作时间比较灵活的爸爸们一个绝佳的机会,可以在人不那么多的时段带着孩子们去户外进行一些好玩的活动。一般都是去树林里漫步,或者去附近的泊客湖(Burke Lake)转转,去游乐场踢踢足球等。

遇到下雪的天气,学校往往会放假。我们总是充分利用这一天。考虑到在华盛顿特区下雪非常罕见,并且间隔要很久,所以每次卡罗尔总会请一天假,然后我们就大张旗鼓准备各种雪天活动。天一亮,第一件事就是冲出去,在雪还很新鲜的时候,就从我们后院邻近的小坡上滑下去。卡罗尔教给孩子一项大家最爱做的事——用雪制作冰激凌。

姑娘们5岁的时候,我在一个晴朗的夏日带她们去参加了青少年奥林匹克运动会。基拉参加了短跑,克莉丝塔参加了棒球和"比谁挂得久"游戏。基拉和奖牌擦身而过,但克莉丝塔在所参加的两项运动上都得了金牌。当克莉丝塔走上领奖台,颁奖人员把两块奖牌挂在她脖子上的时候,我比任何一位真正的奥林匹克金牌获得者的父母都更骄傲。这是一个非常特别的时刻(我几乎能够听到《星条旗》国歌在远处响起的声音)。

但是，5分钟后，当克莉丝塔拿下一块金牌，把它挂在基拉脖子上，让基拉也有一块金牌的时候，我简直骄傲得无法言表。那就是父亲的喜乐的真正来源。

还有一件我计划要做的事，就是在晚上上床睡觉之前对某个孩子说："快跟我到外面来。"当他走到外面，就会看到一切都已经准备妥当，有一个帐篷，可以让他和爸爸两个人在星光下过夜。我读过两个不同的故事，都在说这样的一个夜晚何等重要。第一个故事是关于一位父亲和他7岁的儿子：

> 八月的一个晚上，父亲把熟睡中的孩子抱起来，抱到外面黑暗中。当小男孩睡眼惺忪地打量四周的时候，他爸爸大声喊着说："快看！"这时小男孩看到天上有一颗星星滑落到地上。然后，不可思议地，另一颗也滑落了，然后又一颗，又一颗。就是这些。但是小男孩永远也忘不了他爸爸所做的这件事，他决定当自己的孩子满7岁时，他也要在某个八月的晚上给他这样的惊喜。①

另一个故事是乔妮·伊雷克森·塔达（Joni Eareckson Tada）讲的。她在十几岁的时候，在一次潜水中意外摔伤了脖子，肩膀以下全部瘫痪。她讲到她5岁时最爱的事情就是和爸爸一起坐在后院门

---

① ［美］凯·库兹玛：《黄金时间养育》，第158页。

口，一起看月亮升起，然后给夏夜星空中的所有星系命名。从这些经历中，她"很早就学会了什么是热情和好奇"。①

但我最喜欢的故事是布鲁斯·拉森（Bruce Larson）讲的，讲到一位爸爸深谙如何把握每一个精彩瞬间：

> 我有一个很好的朋友住在亚拉巴马州的蒙哥马利，几年前，他告诉我一个令人难忘的故事。有一年他为妻子和孩子做了一个暑期旅行计划。他自己因为工作原因没法参加，但是他帮他们计划好了每一天在农用马车上的露营计划：从蒙哥马利一直到加利福尼亚，沿着西海岸上去，然后下来，最后回到蒙哥马利。
>
> 他对他们一路的行程了如指掌，知道他们越过那条大分界线的准确时间。因此他给自己订了一个航班，飞到离那里最近的机场，然后租了辆车，让司机把自己带到一个所有车都必经的地方。他就坐在路边等了好几个小时，一直到那辆熟悉的农用马车出现。当马车出现在眼前的时候，他从路边走出来，伸出大拇指，做出请求搭车的样子。全家人都惊喜极了，因为他们以为他还在3000英里之外呢！
>
> 我对他说："科尔曼，我很惊讶他们没有吓得把车开出路边或是心脏病发作。真是让人难以置信。你

---

① ［美］格洛丽亚·盖瑟：《父母做对了什么》，星球歌曲出版社1991年版，第78—79页。

为什么要不怕麻烦地这么做?"

"啊,布鲁斯,"他说,"我总有一天会死。当我去世的时候,我希望我的妻子和孩子们可以说:'你知道吗,爸爸是个很有趣的人。'"

哇,我想,这个人真棒!他整个的计划就是要让别人觉得有意思,觉得幸福。

我不禁想:我的家人会怎样记得我呢?我肯定他们一定会说:"嗯,爸爸是个好人,但是他也太担心这个那个的啦。总是担心关灯啊,关窗啊,修整房子啊,修理草坪啊之类的。"但是,我也希望他们会说爸爸也是一个能给生活带来许多快乐的人。①

不错。我希望我的三个孩子都可以说:"爸爸给我的生活带来了许多快乐。"

在学校

在孩子们的学校里,我和他们一起度过了许多特别的时刻。最难忘的是郊游——包括几次野外过夜的活动,以及田径比赛日——那天在他们跑步、比赛和拔河……的时候,我一直在给他们加油。

---

① [美]布鲁斯·拉森:《只有你》,话语出版社 1974 年版。

但是当我想到孩子们的学校时，会特别想起两个无比珍贵的画面。一个是6岁的埃里克打扮成小摩西的样子（还戴了一副飘逸的白胡子），大步向学校走去。这是他在"我最喜欢的文学形象日"中扮演的角色。我记得放学时他告诉我们，他的一个同学跑过来问他说："你是上帝吗？"另一个画面是他们小时候，每次看到爸爸出现在学校时那发光的脸庞。我很高兴，在他们生命的那个短暂阶段，他们可以因爸爸而感到骄傲。

简短的话语可以产生奇妙的效果

我无法对话语的力量不置一词就结束把握美妙亲子时光的这一章。在所有的话语中，最重要的是"我爱你"，特别是在他们准备上床睡觉时。另一个具有强大力量的词是"对不起"——当这三个字从爸爸口中说出来的时候，它可以融化人心，打破隔阂，还能建立品格，使孩子们在日后更容易说出同样的三个字。其他一些5秒钟以内就可以说完的话是"谢谢，干得好！"和"今天你看起来很棒"。

我们能在如此短短的几秒钟为孩子做这么多，这不是很奇妙吗？

要点回顾

- 许多为父之乐是在每天的日常点滴中出现的。
- 善于把握时机的爸爸有一个共同特点,就是不刻板,能灵活变通。
- 你若专注当下,就会很容易看到,其实有很多零碎的时间可以利用起来,以不同的、创造性的方式和孩子一起共度。
- 即使你感觉很累,或是心情有点儿低落,如果孩子在这种时候来求你做什么事,先不要忙着说"不"或"等会儿",先望着他的眼睛,看个5秒钟。
- 永远都要对孩子的兴趣和努力有所回应。记住亲子关系永远比最美味的滑肉更重要。
- 我想要我的孩子能够说:爸爸给我的生活带来很多欢乐。
- 出现在你孩子的学校里,然后享受那灿烂的笑脸。
- 短短几个字,例如"对不起"或"谢谢你""干得好"可以在一分钟都不到的时间里产生神奇的效果。

第三章　编织美好记忆

> 家应该是一个怎样的地方？当然这个问题可以有很多种回答。但是对我来说，其中之一就是，它应该是一个记忆的博物馆，里面珍藏着许多细心呵护的记忆。
>
> ——薛华夫人

这一章是本书中唯一一个用第一人称的视角写成的章节。我要用自己家的经历来说明，为孩子编织一些美好记忆是件多么有价值和喜乐的事。我知道不是每个经验都让你觉得很有吸引力或是能够应用到你的情况中，但我相信只要你把哪怕其中之一付诸实践，为你的孩子编织一个特别的记忆，你和孩子都会感觉生活更加丰富，而我也会觉得分享我的家庭经历很值得了。

我一听到"编织美好记忆"这个词，就爱上了它。它之所以能够马上抓住我的心，是因为这正是我过去几年来一直努力想要为孩子做的事。我已经努力在制造美好的记忆，希望最终当我的孩子长大之后，他们能够拿着一束甜蜜的、五彩缤纷的童年记忆的花束。

这个想法来自我心里多愁善感的这一面。我自己的童年就像一条缓缓流动的小河,时不时总是会有一些特别的日子——日历上标星号的日子——打破那份宁静,这正是童年让我如此迷恋的原因,当然它也本该如此。

当你听到"童年"两个字的时候,首先闯入脑海的是什么呢?我自己玩过这个游戏。我最先想到的三件事是圣诞节、7月4日早上的野炊以及全家一起度假的日子(特别是去佛罗里达的那次)。接着马上想到的是去夏令营和周日聚会结束后在菲尔·约翰逊(Phil Johnson)的饭店吃饭。最后努力回想起来的是周六晚上在埃尔西和埃尔默家(那时候我通常只能和我表兄弟贝弗利一起玩)、童梦园(Kiddieland)和河景游乐园(Riverview Amusement Park,20世纪50年代芝加哥版本的迪士尼世界)、棒球芝加哥小熊队(the Cubs)和白袜队(the White Sox),或者在西冷体育馆(Thillens Stadium)的"小时光"比赛,以及周日主日学的野炊。

这些都是在3分钟以内想起来的,如果再多想一会儿,我肯定这个单子一定会加长3到5倍。但是我相信我所列的这些是真正具有特别意义的时光,它们给我的童年定下了一个基调,赋予它一种特别的热情。现在我希望将这种热情传递给我的孩子。

这些看似杂乱无章、彼此互不相关的事件背后却有一个深刻的启示。因为这些活动都有一个共同点,而这也是我潜意识里一直想要传递给我的孩子们的,就是以家庭集体活动为中心的童年记忆。我觉得这个事实很有意思,虽然一个人在童年的大部分时间里很可能都不是和父母一起,而是主要在学校和运动场与朋友们一起度过的,但是印象最深的童年记忆中,只有去夏令营和河景游乐场是单和小朋友一起玩的活动,剩下的都有我父母在场。

另一点就是所有的记忆都是关于"去某个地方"。我知道卡罗尔看到这个肯定会大吃一惊,因为她总是笑话说,我们哈姆林家似乎永远都在去某个地方的路上,还说我们老是想要做些什么事或是去些什么地方。不过也许对你和你的家人来说,最好的记忆是更加安静的、室内的时光。

我花了这么多篇幅写我自己的童年记忆,有三个原因:(1)说明童年记忆的重要性;(2)说明这些美好的童年记忆很可能会集中在家庭集体活动上;(3)如果你想要为孩子创造一些难忘的记忆,可以马上着手计划,并且可以从你的亲身经历中寻找灵感。基本上每个人都有一些自己特别喜爱的记忆。如果你小时候喜欢这些活动,很可能你现在也还会喜欢。如果你自己喜欢这些活动,很可能你的孩子也会喜欢。就在上周,卡罗尔带埃里克去体验了她小时候最喜爱的游乐园项目——洛基飞机(the rocko plane)——她自己也重新体验了一把童年时的那种欢乐。

我们在编织美好记忆时需要些什么呢?在这些听起来这么自然而然、随心所欲的事情里,有没有一些章法可循呢?我相信是有的,而且我们可以用它们更好地编织一些美好记忆。

对我来说,有许多不同种类的美好记忆。每一个在起初都是自然发生的，但是渐渐地，它们就"慢慢固定下来"，成了一种每年都会精心安排的固定活动，比如每年一次的家庭传统活动、家庭阅读时光，以及和爷爷奶奶团聚。

每年的传统活动

"传统，传统"——我喜欢音乐剧《屋顶上的小提琴手》（*Fiddler on the Roof*）中特维（Tevye）所说的那些话，因为我喜欢传统活动。还有什么比传统活动更能自然地把你与过去和未来同时联系起来呢？

传统可以有多种表现形式，可大可小，也可以每年定期或不定期举行。我最喜欢的就是每年一次的传统活动。我想最有传统气氛的就是每年的圣诞季（以及7月4号的美国独立日，这是我童年回忆中仅次于圣诞节的）。

每年都固定做同一件事，无形中会给处在这个多变世界中的孩子们带来更多的确定感和安全感。

节日

你可以和孩子一起干些什么，来打造一个更加难忘的节日呢？我建议你首先把重点放在对家庭来说非常重要的信仰节期上。

我们家一个主要的传统活动——从我哥哥家中学来的——

就是周日晚上的将临节礼拜。在圣诞节前的四个周日晚上，我们都会有一个很小的礼拜，卡罗尔会特意根据孩子的年龄层次确定礼拜的内容，每个周日我们通常都会邀请朋友一起参加。

大家围着将临节花环坐着，蜡烛光芒闪动，特别有节日气氛。每周孩子们都有机会轮流点蜡烛（或吹蜡烛）。我想他们可能记不得多少当时说过的话，但这种视觉印象，以及大家安静地坐在一个充满烛光的房间里，唱着圣诞歌曲，等着轮到自己来读一节经文或是一首诗——这些所带来的情感记忆永远不会褪色。事实上，当他们长到 19 岁、39 岁乃至 79 岁的时候，这些烛光在他们心中可能会变得越发明亮。

另一个传统就是选圣诞树并进行装饰。孩子还小的时候，卡罗尔和我会选择几棵上好的圣诞树，梳理好树枝，然后扶着孩子们去选。当他们稍大一点时，我们就让他们享受亲手砍下我们自己的圣诞树的乐趣。听到小孩子评价圣诞树"不行，这棵树形状不对"或"就得是这棵！"总是让人感觉很好笑。很有意思的是，孩子们总是能够以出人意料的速度及平和达成一致意见。

孩子们真的很喜欢装饰圣诞树。他们很喜欢自己小时候制作的小饰品、婚礼饰品（上面有爸爸妈妈亲吻的照片）以及李姥姥（Grandma Lee，卡罗尔的妈妈）的易碎玻璃饰品。当圣诞树完全装饰好之后，我们就站在边上一起唱"哦，圣诞树"，然后穿着正式的礼服一起照全家福。

圣诞夜最后总是会以爸爸的私家传统动作来结束。装饰圣诞树的兴奋消退后,孩子们上床睡觉去了。我静静地坐着,看着圣诞树上柔和的光慢慢地闪动,沉浸在对过去过圣诞节的回忆与对以后的圣诞节的期盼之中。

最后,为了使圣诞节变得更特别一些,我们在孩子们很小的时候就决定要抵挡遍地可见的商业化潮流,真正专注在圣诞节的真实意义上,来为耶稣开一个生日晚会。我们会准备蛋糕、冰激凌等东西,也会邀请一些和我们有差不多同龄孩子的好朋友一起庆祝。

这样,我们哈姆林家每年的圣诞节生日晚会传统就诞生了。几年以前,卡罗尔有一个很好的主意,就是要求每个人都要准备一个节目,作为圣诞节生日晚会上展示的礼物。可以是弹钢琴、拉小提琴、大提琴、录音或吉他伴奏,也可以是唱歌、朗诵诗或是表演幽默短剧。我们每年什么都有,孩子和大人们都非常喜欢。

二三十年之后,如果有人问我的孩子在孩童时最难忘的节日是什么,他们很可能会说是每年的圣诞节生日晚会,以及那些歌、那些笑声和欢乐。

大部分重要节日也有一些特别的传统。比如7月4日独立日,在孩子们还很小的时候,我们就把参加华盛顿特区的大游行、演唱会和烟花节改成了参加本地游行、在镇上的公共绿地上烧烤,以及观看本地烟花表演。但是在过去几年里,孩子们又想去看华盛顿特区的大游行了。

复活节时,在附近一个湖边举行完清晨户外敬拜后,孩子们就可以开始一场"清晨找软糖"活动,爸爸所藏的那一颗总是"不可能找得到的"。

在劳动节,我们会和大约30位朋友以及朋友的朋友一起,搞一个户外早餐。先来一场兴致勃勃的排球赛,大人小孩一起上,这总是让大家胃口大开。

我们一般都是在伯恩鲍姆(Bernbaum)家过感恩节,与约翰、玛姬和他们家的7个孩子一起,通常至少还有一位奶奶或姥姥,有时候还有一些离家在外的大学生。许多人围坐在一张大桌子旁——这是我心中完美的感恩节情景。这是每年少数几个我们可以一起玩一些严肃游戏的时间——足球、篮球、乒乓球、桌球以及各种棋盘游戏。

生日

我是这样认为的,孩子们真的很在乎生日,特别是在5—11岁期间。他们也一直都会记得生日派对的情景。而这阶段总共只有7个生日,数目也不多,因此父母们真的可以花点心思为他们做一些特别的事(顺便提一句,在我的概念里,录制一段视频不算是"特别的事")。

为了保证可以给孩子过一个很特别的生日,首先要问问孩子他想要做什么。如果不是想和十来位小伙伴一起去迪士尼乐园的话,就尽量满足他吧。然后爸爸们,生日时请尽量在场。我三个孩子的生日派对,每次我都在场,而且无一例外,都过得非常开心。可能你会问:"爸爸在生日派对上可以做些什么呢?"

这要看到底是男孩子的派对还是女孩子的派对,你的角色可能会大不相同。埃里克想要玩一些运动比赛类的游戏。所以我就筹划了一个青少年奥林匹克运动会,有10项运动比赛,前五名分别记10、7、5、3和1分。

虽然只有8—10个男孩子参加比赛,但是前5名都可以得分有一个好处,可以保证每个男孩子都可以得许多分。

在克莉丝塔和基拉的生日派对上,我扮演的更多是一个支持者的角色,包括摄影。这些派对中最有意思之处是观察客人到达的时间。第一个客人来了之后,三个人就一起跑到车道那里去欢迎下一位到达的人(远在他下车之前),然后回到房子里。马上下一辆车又出现在拐角处了,大家又跑出去,尖叫着、大声喊着小客人的名字。如此循环,直到第15位客人在一群尖叫着转来转去的人群中到达。没有哪位摇滚明星享受过这样疯狂喧闹的欢迎仪式呢!

孩子的许多派对都无可避免地在工作日举办,这就是自己当老板的好处之一。但是我会建议在老板手下工作的爸爸们及早计划,提前向老板请假。每年就这么一两次提前几个小时下班,老板应该不会有什么意见的。记住,每个孩子只有大约7个难忘的生日派对。而对孩子来说,每一个有爸爸在场的生日派对都会是一个特别的记忆。

最近几年,我们在生日派对那天另外加了一个节目,孩子们都非常喜欢——在床上吃早餐。寿星(孩子或是父母)坐在床上，等着早餐被送进来。吃完早餐后，就开始拆礼物和生日卡片。对于那些已经长大、不再热衷于办生日派对的孩子来说，这是很好的后续方式。

特别活动

我们还有一些家庭传统是围绕着一些特别的活动展开的。它们始于好几年前的苏格兰圣诞游行（Scottish Christmas Walk）。这是每年12月第一个周六在亚历山大古城（Old Town Alexandria）街道上举行的一个很短的节日游行。游行队伍中有风笛手、猎狼犬、圣伯纳犬、苏格兰犬、古董车，以及苏格兰家庭。我和卡罗尔在孩子出生之前就开始参加了，有了孩子之后，我们就带着孩子们一起参加。我和卡罗尔都喜欢在每年同样的时间、同样的地点重复参加同样的活动。每年这一天的圣诞游行和第一个将临节礼拜，共同标志着我们家圣诞季的开始。

我想起在20世纪80年代，我们也去参加过一些其他活动，全家都很喜欢。我们就决定将这些活动当作一个新传统保留下来。为了防止临时忘记而错过，我决定新年伊始就在日历上做好标记。这个小举动虽然看起来没什么，但却很有用。有时候我觉得很奇怪，甚至连那些每月或每年固定举行的盛会，很多朋友都会说"啊，我忘记了"。在日历上做标记是一种很明智有效的方式，你可以把所有家庭成员的活动都放在上面，避免延误或冲突。

所以现在,每年新日历一到,我就首先翻到4月份,把第二个周六标上。我们每年去布尔溪公园(Bull Run)观赏风信子花——这是我们家每年欢迎春天到来的方式。接下来,我就翻到5月份,在最后一个周末标记上雪松农场(Cedar Point Farm)。这是在切萨皮克湾(Chesapeake Bay)东岸的一个风景非常优美的地方。我和卡罗尔去那里是为了得到一些灵性的滋养——路易斯(C. S. Lewis)学院每年都会举办纪念日周末研讨会,而孩子们去那儿是为了到海边寻宝,去找螃蟹、牡蛎及其他各种各样神秘的(有时候还是臭烘烘的)宝贝。

秋季主要有两个特别的活动。布卢蒙特集市是在9月的第三个周末举行。布卢蒙特是弗吉尼亚西北角谢南多厄山脉(Shenandoah Mountains)山脚下的一个小村庄,之前叫作斯尼克斯镇(Snickersville)。开车慢慢驶过那里的乡间小道,欣赏那些缓缓驶过的马车,就是一天之中主要的乐趣之一了。整个周末,全镇都变成了20世纪初风格的集市:蓝草音乐(bluegrass),班卓琴,木屐,小手工艺品,鸡肉烧烤,古董玩意儿,小孩子的小玩意儿和各种宠物,就像是直接从诺曼·罗克韦尔(Norman Rockwell)的画里走出来似的。

对我来说,孩子们脑海中的诺曼·罗克韦尔的画越多越好。这些活动的重点就是简单,不太花钱,充满家庭之乐。

每年10月份的特别活动已经变成了全家人的最爱。4年前,我们预定了一个乡村小屋,就在西弗吉尼亚狭长地带的卡卡庞州立公园内,离我家只有两小时的车程。这个小木屋简直绝了——有两个巨大无比的房间,中间用一个巨大的石头壁炉分隔开,每个房间上头是可以睡觉的阁楼。我们在周六晚上烤蘑菇、做果塔饼干(全麦饼干、巧克力方块和棉花糖三明治)。徒步去看鹿,在公园门口的小馆子吃饭,美味又不贵。

孩子们被这个州立公园以及小屋的乡村美景陶醉了。第一次去后,我们马上就决定把这加入我们每年的特别活动列表中。当然,真要保证能够成行,也是需要一番努力筹划的。每年10月1日早晨8点一到,我就必须准点给州立公园打电话,预定明年10月份的小屋。这样,10月1日也在日历上标注了。这和我们自己拥有一间小屋还是有区别的,但年复一年地回到同一个小木屋中,会给我的孩子一个秋天小木屋的回忆,相信这是他们会长久珍藏的回忆。

每年最后一个特别活动是在12月。在苏格兰圣诞游行之后,我们就去圣卢西亚节(Santa Lucia Festival),以便让孩子们体会一下斯堪的纳维亚的传统。在游行中,卢西亚女孩头上戴着一个点着蜡烛的花冠,带领一群小孩,伴随着《圣卢西亚》的歌声走下长廊,一直走入安静而幽暗的教堂。此情此景,谁能忘怀呢?这些蜡烛可以在每个人的脑海以及灵魂中,留下不可磨灭的印象。

家庭共读时间

现在我们要换种方式。目前为止所描述的每年的传统活动，大部分都是需要动起来的——要去某个地方。

另外一种回忆对于孩子来说也是同样重要的，那就是安静的时间。我们一家最爱坐在码头上看夏天的萤火虫、秋天的日落和冬天的飘雪。在安静的时间中，最好的就是家庭共读时间。

我必须承认，我们在这上面做得并没有像那些活跃好玩的活动那么成功。部分原因是因为我非常喜欢"做点什么"，孩子们也是，我们家天性上就更倾向于这种。但是阅读我也喜欢，卡罗尔尤其喜欢，我们全家也都有过非常享受的家庭共读时光。

关键就在于培养自制力。基本上，本章所描述的其他编织记忆的方法都是一些活动，可以事先在日历上做好记号，日期到了就去做。家庭共读也一样，必须要努力保证计划得到实施。以为阅读时间到了就自然而然地开始阅读，这是行不通的——所谓"自然而然"的阅读时间永远不会变成现实。这种方法会因为不小心忘记时间，或有其他好玩的事、更刺激的计划占去时间而失败。我们所用的方法是每天或每周都有固定阅读时间，我们会在一个月或一周内读完一本书。如果书比较厚，或是丛书的话，就在几个月内每周都读。

目前为止最成功的经验就是刚开始进行读书计划的时候，那时我们读完了路易斯的"纳尼亚传奇"系列。卡罗尔年轻时读过这系列的所有7本书，她非常喜欢。我听别人说起他们和孩子一起读这套书的乐趣以及见证，心里也跃跃欲试。但那时孩子还太小，所以我就忍了两年时间，克制自己不去读这套书，直等到孩子们"够大"（6—8岁），可以欣赏这个系列了。

所以在1986年10月，卡罗尔和我就宣布：时候终于到了，我们一家正式开始奇妙的纳尼亚家庭探险。每天晚上吃过晚饭之后，我们就聚集在客厅一起开始纳尼亚之旅。克莉丝塔和基拉和朗读者坐在同一个沙发上，埃里克则蜷缩在双人沙发上另外一位家长的身边。这种一家人聚在一起的感觉是我们共读时光所带来的特别回忆。

卡罗尔和我会轮流朗读。我很高兴是从我先开始，因为这意味着全套7本书中有4本都会由我来朗读。老实说，我特别想7本书都由我来朗读，但是我知道我必须和卡罗尔分享这一荣耀。

让我告诉你，当我写这一章的时候心里想的是什么。我心里特别想要重新读一遍这7本书——今晚就开始！并且我意识到，和孩子们一起读"纳尼亚传奇"系列图书，圣诞节早晨，以及其他一两个特别的全家度假时光，将成为我对孩子小时候最珍贵的回忆之一。

这突然就使我意识到，我们没有更早地开始家庭共读时光，实际上已经错过了许多东西。我们已经在这里犯了一个错。

家庭共读时间也可以建立起一种家庭身份认同感和自豪感。

在孩子们 7 岁和 10 岁的时候，我们开车去了南达科他州，去追溯卡罗尔的祖先们在 1854 年从挪威经过五大湖区（the Great Lakes），途经威斯康星州和明尼苏达州到达南达科他的历史。这种移民历程和劳拉·英戈尔斯·怀尔德（Laura Ingalls Wilder）系列小说中英戈尔斯一家的移民历史非常相似，所以我们在车上读了好几本这个系列的书。一路上当我们经过书上提及的某些地点时，就知道卡罗尔的祖先和英格戈尔斯家的人在差不多的时间都经过了这些地方。这个旅程，这些阅读，意外地使埃里克对南达科他州有了一种特别的感情。

有些时候，家庭晚间活动内容必须根据具体情况进行适当的调整。特别是孩子十几岁的时候，有时候家庭阅读时间似乎很容易会显得有点无聊，像纳尼亚这种魔法世界似乎有点太幼稚了，只适合"小孩子"。这让我想起在那首著名的歌曲《神龙帕夫》（*Puff*）里说到，有一天，小男孩杰基再也不来了，神龙帕夫也不再威武地嘶吼了。当孩子慢慢成为青少年时，这个感觉让我很烦恼。

我知道——理智上——为了要应对现实世界，每个人都必须脱去孩童时的天真。我知道，但这并不意味着当我的孩子来到这一阶段时，我会喜欢这一点。

所以我想要尽情享受和孩子挤在一起的亲密无间的所有时间，因为知道这样的时间很短暂。我也想再一次听到三个激动的声音同时喊道："别停在那里，我们不能停在那里。再读一章吧，爸爸，求求你啦！"

和祖父母在一起的时间

到目前为止,我们都是在谈如何与父母在一起编织美好记忆,祖父母们都被暂时搁置了——他们实际上是孩子生命中非常重要的角色。

在今日社会中,我们经常太容易忘记祖父母了。不是一般意义上的眼不见心不想的忘记,而是我们会忘记让祖父母在他们孙子孙女的生活中扮演一个积极、重要的角色。许多家庭彼此住得非常远。许多祖父母希望能有更多的时间和孙子孙女在一起,但他们不想表现得太强势,感觉自己会侵犯孩子的私人空间。还有一些祖父母太忙了,忙得根本抽不出时间来顾及孙子孙女。所以祖父母也可以好好地使用这本书的许多方法。从现在开始努力做个很棒的祖父母也为时不晚。

是时候采取行动了。怎么办呢?孩子们可以怎样认识祖父母、享受和他们在一起的时间,并因此受益呢?

首先,最重要的一点,也是唯一的一点是:他们必须要能花时间陪伴孙子孙女。要记得这部分内容的大标题是"全心陪伴"。没有什么能够替代陪伴的时间。也就是说我们要邀请祖父母来家里,或带着全家去祖父母家里,或是送一个(或几个)孩子去祖父母家里,或是在哪个地方和祖父母一起度假。如果能够在孩子成长过程中混合使用这四种方式是最理想的。

要实现这些团聚会需要一些牺牲。在过去的几年里,当我父母的身体不太好，无法远行的时候，我就开车2400多公里往返芝加哥来和他们团聚。为此，我可能需要放弃其他更加刺激或更加放松的度假计划。但问题最后永远都归结为：到底什么才是真正重要的？

在实际操作中，排在第一位的选项很可能是让祖父母来看望你们，特别是如果你的孩子还小，需要在家具上做各种防护处理的时候。而且祖父母如果是来做客，比起招待你们来说，能够更加放松并享受这团聚的时光。

祖父母也可以很有趣。我的孩子们所度过的一些最有趣的时光，就是和祖父母一起度过的。我对李姥姥的生动记忆就是在疯狂乐园（Wild World）里。这是一个中等大小的游乐园，就在马里兰环路外几英里远。李姥姥那时大约63岁，得了癌症，然而她却那么有活力，爬了好长一段阶梯，走到滑水转梯那儿，膝上抱着外孙女就那么滑了下来——而且滑了好多次。但是我记得最清楚的还是海盗船。它摇来摇去，越摇越高，最后摇到大约都离地面17米了，看起来简直和地面都要成直角了。

我怎么也没法说服卡罗尔和我一起去。我也没办法叫我女儿们一起去，甚至6岁的儿子也不愿意去，但是李姥姥非常乐意去。卡罗尔和我互相瞟了一眼："我们真的要让她去坐吗？"然后耸耸肩，最后我说："走吧！"

结果这次坐海盗船比我想象中要剧烈多了，可怕多了。我不禁有点为她担心，希望不至于破坏了这么美好的一天。当我们走下来时，我问她："怎么样？"

"太棒啦！"

"再玩一次？"我开玩笑地说。

"好啊！"

我说："你开玩笑的吧？"她还真不是开玩笑。我们又坐了一次，她还是很喜欢。真希望我也可以这么说。

无论是刺激的外出活动还是安静的采野花做花束，她总是兴致勃勃的，这是我和孩子们会永远珍藏的记忆。

祖父母总是很有激情，总是想要去干些什么，或是去哪儿玩，或是见些什么人。

每次他们来看我们，我们都要隆重接待。一家五口全部去机场迎接——就在一下飞机的地方欢迎他们，不管飞机几点到——要是下午2点到，我们就把孩子从学校接出来；要是夜里12:15，我们就把孩子从被窝里拉出来。看到了吧，虽然很难相信，但是我想孩子们还是觉得去机场的路上非常刺激，因此非常难忘（我只希望自己能够忘记最近的几次机场之旅）。

他们在这里的时候，我们常常三代人一起来守哈姆林家的家庭传统——去许多各种各样的地方。当他们快80岁的时候，这才放慢节奏，但是他们还是常常趴在地上和孙子孙女玩。当然，他们也常常和孩子们一起玩棋类和纸牌游戏。

除了这些平常的看望，我们也给孩子两次特殊的和祖父母在一起的时光。在1987年2月，我们计划好了让我父母在去南方的旅途期间可以和我们在迪士尼乐园中团聚几天。和祖父母一起去这样一个快乐的地方，使得这个旅程从单纯好玩变成了一个非常特别的旅程。

另外一次他们彼此更多认识的机会是，4个月以后，我们把我父母接到家中，让他们和孩子们单独团聚几天，而我们俩去度个二次蜜月。整整两周时间，他们一起玩，一起读书，一起欢笑。在克莉丝塔的手腕骨折之后，他们一起去急诊室——这是他们一直担心会发生而且确实发生的一件事。尽管如此，当我们回来的时候，大家也都是兴高采烈的。

要点回顾

- ◆ 大部分的童年记忆都是关于家庭集体活动的。
- ◆ 在为孩子编织美好记忆时，可以自由地从自己的童年经历中汲取灵感。
- ◆ 可以有计划地制造特别记忆：每年固定的家庭传统活动、家庭共读时光和与祖父母共度的时光。
- ◆ 节日传统可以包括一些相对严肃的活动。孩子们可以尽可能地参与进来。
- ◆ 因为孩子们确实特别"投入"并且会记住生日派对，所以请尽量为他们做一些特别的事情。最重要的是，一定要在场。
- ◆ 生日那天在床上享受早餐可能成为孩子们很喜欢的传统。
- ◆ 规划孩子们喜欢的一些每年定时举行的特别活动，然后在新的一年开始就把它们放进你的日历行程中。

- 家庭共读时间可能会提供一些特别的回忆。
- 鼓励祖父母在孙子孙女的生活中扮演一种积极、重要的角色。
- 记住,祖父母也可以很有趣。

第四章　做奶爸的享受

> 爸爸和孩子建立亲密感的最好方式，就是从第一个孩子出生的第一天起，就完全参与到照顾孩子的过程中，并且一直坚持这样。
>
> ——斯波克博士

这是一个完美的6月天。天蓝得透亮，阳光灿烂，空气清新。1977年6月19日——父亲节——我从医院接刚出生的儿子埃里克回家。一切都很完美，我感到一种从未经历过的巨大喜悦。

两周后，我怀里抱着埃里克在客厅地板上来回踱步。他已经嘶哑着喉咙哭了大概20分钟了。我心里越来越烦躁，就跨出前门，顺着大街走了出去，越来越大声地吼他："安静，安静！你这小孩到底怎么回事！"我沮丧极了，感觉整个人都要炸开了，这也是前所未有的痛苦。

胜利的喜悦——失败的痛苦

"胜利的喜悦——失败的痛苦"。我想不起来还有哪句话能比它更好地总结带小孩的经历了。事实上,我甚至会说,用这个"运动圈子"里的行话来形容新生儿父母的每周日常生活,比形容任何一个运动员的生活都更合适。

所以如果你是一个新手爸爸或准爸爸的话,首先要记住的一句话就是,你将会体验到胜利的喜悦,也将会体验到失败的痛苦。整个经历,特别是婴儿出生后第一年的头几个星期,可能就像是一个情绪上的过山车。塞西莉亚·沃思(Cecilia Worth)在她的《父亲的诞生》(*The Birth of a Father*)一书中指出,男人初为人父会经历到许多不同的情绪——孤独、愤怒、疏离、刺激、奇妙,也会体会到养育儿女的责任。我也记得罗伯特·萨缪尔森(Robert Samuelson),他是《新闻周刊》中我最喜爱的专栏作家之一,他曾说过三个"E"。他说:"我的孩子们很烦人(Exasperating)、很累人(Exhausting),也很逗人(Exhilarating)。他们是我最好的宝贝,我不想错过他们的成长。"

我希望你作为一个新手爸爸也能拥有这样的态度。我从孩子出生第一天起就决心保持这种态度。虽然也曾有过烦恼和疲惫的时候,但我从来都没有后悔过。让我们一起来仔细看看你将会遇到哪些惊喜和痛苦吧。如果你已经经历过了,就让我们一起重新回忆一下。

孩子出生所带来的这种巨大的喜悦，甚至在出生前就开始了。看着妻子的肚子，感受着那个奇妙的生命在成长；和妻子一起讨论孩子的名字，第一次感受胎动，听孩子的心跳，以及每一天"可能随时就要生"的那种兴奋和期待。

然后就是那个大日子。你极尽所能地鼓励、指导你的妻子来生产，然后兴奋地冲进产房。最后就是那神秘、神奇的一刻：那个小小的、脆弱的小人儿第一次被放在你手中。"终于看到了！这是真的！这是我的孩子！真是太刺激、太惊喜了！"

那么在此之后有什么在等着你呢？

如果你有一个正确的态度——认为婴儿也可以很有意思，你就会发现他们确实很有意思。

你会因为各种怪事、巧合和那些常常出人意料的事情捧腹大笑，好像好几年没笑过一样。关键是态度。你必须要放松下来才能有乐趣，要卸下面具，把那个一本正经的性格留在门外。我喜欢吉姆·桑德森（Jim Sanderson）谈论爸爸的方式——爸爸们需要"放下自己的威严"并且"允许自己暂时不去想某件事到底是不是'真实'和'实用'"。在一个到处都是严肃大事的世界里，拥有一些不顾威严的时刻岂不是件很快乐的事情吗？

另一个意外惊喜就是带着埃里克去我们想要去的地方。结婚头8年，没有孩子，收入也还可以，这使我们养成了一种有点奢侈的自由的生活方式。我想当然地推断说，埃里克一出生，这一切肯定会马上停止了。

所以当我们发现埃里克可以和我们一起去的时候，是多么开心啊。在他两岁的时候，我们去了科罗拉多州的阿斯本参加一个为期两周的会议。基本上那两周里，每天晚上我们都去不同的餐厅吃饭，小埃里克就在我们旁边。在他2岁前，我们一直带着他四处旅行，游遍了世界，包括在中国住了4个月。我们玩得非常开心。在中国，无论我们去哪里，一头金发马上会使我们鹤立鸡群，因为那里大部分的人都没见过黄头发的小孩。我们在那年秋天回到美国；埃里克那时28个月，他已经坐过56次飞机——这是一个生动的见证，说明小孩子并不一定会限制你去过一种比较冒险刺激的生活。

现在让我们回到现实，转向失败的痛苦这个话题，这样我们就会对带小孩这件事有一个比较完整的认识。

我已经分享过一段痛苦经历，就是埃里克曾连续不停地哭了20—30分钟。当时我感觉非常沮丧、愤怒，然后又为自己有这样的反应而愧疚自责，因为我们发现他之所以哭，是因为没有吃够母乳。吃了配方奶之后，他马上就不哭了。

另外一种痛苦，我想许多爸爸都经历过，就是惊慌的时刻。有一次是在埃里克18个月的时候，他在房子里到处走。我出去扔垃圾，门就暂时开着。对于一个18个月的孩子来说，一会儿工夫就可能出事。眨眼间他就不见了。刚开始，我平静地在屋里四处找他，叫着他的名字。然后又去屋外四围寻找，这时候脚步就渐渐加快了，大声喊着他的名字。当屋外也找不到的时候，我就开始惊慌了，冲出大街，嘴里喊着他的名字。当然，脑海中出现了最坏的情况。他一定是掉进我们门口的小溪，或是下水道里了。

没有什么能比这更让人慌乱了——你觉得你的孩子，你们唯一的孩子，正处于危险中！在45分钟的惊慌之后，你看到孩子安全地坐在邻居的膝上被送回家，也没有什么比这更让人大舒一口气的了（邻居开车时，在好几个街区外发现埃里克不慌不忙地走在大马路中间）。

另外一次惊慌的经历发生在基拉一岁的时候。有一次，她哭得非常激烈（后来我们才看出，这不过是她做什么都很起劲的早期征兆罢了）。当她哭得上气不接下气时，眼睛往上翻，瘫倒在地上，我以为她就要不行了！情况非常紧急！我现在什么也不记得了，只记得我不断地摇着她，然后飞快地祷告，求上帝使她活过来。幸运的是，这种僵死的状态"只"持续了大约20—25分钟。那是一段非常痛苦的时间。只是后来，当一切平静下来，我也恢复理智后，才知道这种可怕的状态是因为她哭得太激烈而导致暂时缺氧。

我还经历过一种痛苦——相信许多夫妻都经历过，就是因为把孩子送去托儿班而愧疚。在1977年和1978年，卡罗尔和我在华盛顿的工作都很忙。我们很喜欢自己的工作，而且薪水很高。我记得那时心里是这样想的：如果我们能够花不多的钱请到一个不错的日托（我们也请到了），那么放弃一份报酬这么丰厚的工作岂不是很傻？作为一个精明的经济学家，我觉得把埃里克送去日托是件收益大于成本的事。另外，我们也想了一些办法来减少他在日托里的时间，比如利用灵活的工作时间轮流陪他，另外每周四我在家办公等。直到女儿们出生后，这件事才让我感到触动："看，我有三个非常棒的孩子，其中两个还是小婴儿，现在她们需要我们的爱和拥抱胜过一切。不能再全天日托了，哪怕接近全天的日托也不行！"

愤怒、惊慌、愧疚，这是我们的孩子处于婴儿阶段时我所经历的主要痛苦。但是我告诉你——这些也是千金难买的经历。这些经历教会了我很多——特别是耐心，这是在孩子出生前我特别缺乏的。我也学到了许多宝贵的功课，比如做事要有灵活性，要有幽默感，以及快速做决定等。在我们孩子的成长过程中，这些都发挥了重要作用。

如果你的孩子刚刚出生，或是将要出生，请记住，所有的新爸爸都有一个共同的经历：没有现成的路可走，通常事先也没有什么准备。但是大部分爸爸一路走来都还不错，并且在这过程中常常会变成一个更好的爸爸（变成一个更好的人）。

有一个故事，说一位年轻的副总统去看望将要退休的老总统，向老前辈讨教成功的秘诀。

老总统回答说："六个字，做正确的决定！"

"非常感谢您，先生。但是怎么做正确的决定呢？"年轻的副总统问。

"两个字，经验！"

"是的,先生,但是怎么获得经验呢?"
"三个字,犯错误!"①

无限的爱

奶爸生活中的第二大主题就是爱。除了强调婴儿们得到的爱越多越好之外,我们就没有太多可说的了。他们得到的爱越多,就越能茁壮成长。

想要你的孩子不输在起跑线上吗?那就爱他吧。爱他,多抱抱他,和他玩,逗他笑。用陪伴来表达你的爱。

我不记得埃里克具体是从几个月开始,总之是很小的时候,每晚上床睡觉之前,他都能听到爸爸对他说"我爱你"。后来基拉和克莉丝塔也是一样。

做一个用心的奶爸

第三个主题是养育(Nurturing)。做一个养育孩子的爸爸,寻找机会向你的孩子表达温柔的爱的关怀,不要把拥抱和偎依全部推给妈妈。

但是养育远不仅是温柔的体贴。这是一个非常丰富的概念,根据韦伯字典,它的意思是"培养或促进……的发展;教育;

---

① [美]爱德华·戴顿:《时间管理工具》,桑德凡出版社1974年版,第64—65页。

培育或训练"。如果我们正确理解它的定义，那么一切似乎就不言自明了：每一个爸爸都应该成为一个养育孩子的爸爸。

对我们这些爸爸来说，养育孩子非常重要，也是一个让人兴奋的大挑战。阿尔伯特·西格尔（Albert Siegel）博士观察到："在养育孩子这件事上，任何一个社会离野蛮的距离都只有20年。我们只有20年的时间来教化每年出生在我们中间的婴儿。"①

好吧，是很重要。但是小宝宝们难道不是天生倾向于喜欢妈妈来做这个主要的养育者吗？我刚开始做爸爸的时候，也这样想当然地认为。后来，通过亲身经历以及不断地研究，我发现情况并不是这样的。好几个研究都显示，到20个月时，宝宝们对爸爸妈妈的喜爱就一样了。还有一个鼓舞人心的消息，在玩游戏时，宝宝们事实上更喜欢爸爸而不是妈妈。在和爸爸玩的时候，男宝宝和女宝宝都比和妈妈玩的时候表现得更加投入、合作、兴奋、兴趣高涨。孩子们希望爸爸能更多地参与他们的生活，不管是在16个月的时候还是16岁的时候。

"好吧，"你说，"听起来很棒。如果我想做一个养育孩子的爸爸，从哪开始着手呢？需要做什么？世上有所谓的'养育孩子的爸爸'这种物种吗？看起来是怎样的？"

幸运的是，在一个地方就可以找到所有问题的答案，就是凯尔·普鲁特博士（Dr. Kyle Pruett）的《养育孩子的爸爸》（*The Nurturing Father*）一书。他是耶鲁大学儿童研究中心的精神病学

---

① [美]阿尔伯特·西格尔：《斯坦福观察者》，转引自《威滕伯格大门》，青少年问题专家出版社。

临床教授。① 想了解详细信息，你可以通读这本书。但是对于那些没有时间也没有精力的人，我会把他的主要发现和建议归纳出来。

普鲁特博士说，妻子一怀孕，男人就需要把自己看成是爸爸了。为宝妈的产前护理选择合适的产科医生或者健康护理系统，一起为你们将要出生的孩子取名，这些使你不单在头脑中，更从心里建立起与孩子的亲密关系。我们的一些年轻朋友在办新生宝宝送礼派对（Baby Shower）时，也会邀请准爸爸陪同准妈妈一起参加。爸爸还要在生产的过程中扮演积极的角色。

普鲁特博士的一个非常好的观点是，当男人能够确实参与到养育孩子中并和孩子互动的时候，他们的做法和女人会非常不同，不是更差，也不是更好——只是不同。就是这样，不是"爸爸最懂"，而是"爸爸懂的东西和妈妈懂的不一样"。

一个养育孩子的爸爸看起来是怎样的呢？在抚养孩子的爸爸身上寻找共同点的时候，普鲁特博士发现其实不多。但是，他确实发现他们都具有一种"全面、主动、坚定的父亲形象"。一句话，主要是一种态度和心志。

无论哪个男人都可以成为一个养育孩子的父亲。

普鲁特博士分享说，一位养育孩子的父亲会理解并欢迎孩子走进他的生活，并且会开发出一种能力，使自己的生活有一

---

① ［美］凯尔·普鲁特：《养育孩子的父亲》，华莫出版社 1987 年版。

种弹性,能够包容接纳孩子的影响。普鲁特说:"这种接纳彼此影响的能力是本书必须传讲的信息。"这真是让人兴奋,因为它显示出,孩子是爸爸们取之不竭的源泉。孩子能够帮助爸爸成长,他们会刺激、要求、激发和促进男人身上父亲品格的成熟。

所以,新晋奶爸们,在你最没想到的时候,你可能就变成了一个养育孩子的爸爸。允许它发生吧,放开心怀接纳它,不要拒绝。普鲁特博士用他的核心信息结束全书,这信息就是"并不是说每一个男人都必须全天时间在家带孩子,才可能真正变成一个养育孩子的人。男人们必须做的是:塑造自己孩子的生命,并且允许自己的生命被孩子塑造,发现并且发展自己做奶爸的天分"。

当你怀着比较开放的心态时,孩子潜在的需要就会激发出一些非常奇妙的事情。我在一个22岁的新爸爸身上就看到非常奇妙的转变。他是个计算机天才,很有钱。那时他在医院,他儿子刚6个月大,刚刚从严重的呼吸疾病中转危为安:

> 对我来说,世界变得再也不一样了。过去我常常想:"我有这样的头脑,又有钱,什么都伤害不了我。"——觉得似乎一切都该理所当然地顺利,我不觉得有一天我会哭。但现在我觉得自己太脆弱了。你知道吗,我怕自己没办法再振作起来。不过应该不会的,我相信我可以控制自己的情绪,但我希望不会忘记这段经历。

我觉得现在我更了解儿子了。这四天四夜,我陪在他身边,一步也没离开。①

我总是把做爸爸的过程比作园丁的工作。一个好的园丁会很在乎他的花草,他知道每一株花草的需要。他知道如何恰当地准备土壤——这是植物的生长环境。他知道什么时候应该浇水,如何浇水。他总是拔除野草,赶走害虫。他的目标就是植物能够健康成长,长成美丽的植株。

要点回顾

- "胜利的喜悦——失败的痛苦"。我想不出还有哪句话能比它更好地总结带小孩的经历。
- 如果你有正确的态度——认为婴儿也可以很有意思,你就会发现他们确实很有意思。
- 爸爸们需要"放下自己的威严"并且"允许自己暂时不去想某件事到底是不是'真实'和'实用'"。
- 小孩子并不一定会限制你去过一种比较冒险刺激的生活。
- 愤怒、惊慌、愧疚,这是孩子处于婴儿阶段时我所经历的主要的痛苦。
- 婴儿们得到的爱越多越好。他们得到的爱越多,就越能

---

① [美]凯尔·普鲁特:《养育孩子的父亲》,第17—18页。

茁壮成长。
- ◆ 宝宝到 20 个月时,他们对爸爸妈妈的喜爱程度是一样的。在玩游戏的时候,宝宝们事实上更喜欢爸爸而不是妈妈。
- ◆ 养育孩子的爸爸通常表现出"全面、主动和坚定的父亲形象"。
- ◆ 孩子会刺激、要求、激发和促进男人身上父亲品格的成长。
- ◆ 就像一个园丁仔细地照料花草,使它们健康成长,同样父亲也应该这样照顾他的孩子。

第五章　加满青少年情感的油箱

> 当我还是一个14岁的毛头小子时，我觉得父亲非常无知，让人几乎难以忍受。但当我快满21岁的时候却惊讶地发现，他在短短7年时间里居然学会了这么多。
>
> ——马克·吐温

不要在比赛刚到中场休息时就论输赢。这可能是本书中最给人盼望，或者说最有帮助的一句话。如果爸爸们可以真正在心底里相信，并且照着这句名言去做就好了。

关于青少年阶段，听过和读过那么多疯狂和混乱的事情后，可能你一听到青春期这个词，马上心里就有一种起鸡皮疙瘩的感觉。在你的孩子到了13—19岁这个阶段时，你很可能会面临一些前所未有的压力和痛苦。在这个过程中，可能在某个时点，你也会对马克·吐温的另一句名言非常认同——这句名言说的就是孩子进入青少年阶段的情况：

孩子 13 岁以前,一切都非常顺利。到了 13 岁,这时你就应该把他塞进一个桶里,把桶盖用钉子钉严实了,然后通过一个小洞洞给他喂东西吃。然后,等他快到 16 岁时,把洞也堵上。

詹姆斯·杜布森(James Dobson)有一个很棒的比喻,他把青少年比作早期那种从佛罗里达州的卡纳维拉尔角(Cape Canaveral)发射的太空探测仪。我把这叫作"发射—回收"的比喻。我想和你分享一下这个比喻,不仅因为它很幽默(在教养青少年时最需要的就是幽默感),而且它也刻画出了青少年阶段的普遍特征,告诉我们青少年到底是怎样的,如何好好地教养他们。

在儿童期的训练和准备工作完成之后,一个开始发育的青少年大步走上发射台。父母专注地看着他爬上一个叫作青春期的太空舱,等待着火箭点火。他们希望能够和他一起走,但是在太空飞船里面只能坐一个人,而且也没人邀请他们。毫无预兆地,火箭引擎突然开始轰鸣,"脐带"掉了下来。"起飞了,我们起飞了!"男孩的爸爸大声喊道。

少年们昨天还是一个小宝贝,今天就在通往宇宙边缘的路上。几周之后,父母们就会经历到生命中最恐怖的时刻。当他们最想要确认儿子是否安全时,"负离子"干扰了他们的通讯。为什么他不回答他们呢?

这个沉默的阶段不像格林上校（Colonel Glenn）和他的朋友们那样只是持续几分钟，而是可能持续好几年。过去那个一分钟里要讲一大车话、问一百万个问题的孩子，现在将他的词汇压缩为9个词，分别是"不知道""可能吧""我忘了""嗯？""不！""没""好""谁——我？"以及"是他干的"。换句话说，接听器中只有"静电"的声音——哼哼唧唧、咕咕哝哝、粗鲁低吼和牢骚抱怨声。对于那些在地面等候的人来说，真是一段让人担忧的时光啊。

几年以后，当任务控制中心认为太空飞船已经失联的时候，却从遥远的发射器上意外传来一些零星的信号。父母们欢天喜地地奔到收音机旁。真的是他的声音吗？听起来比记忆中的更深沉、更成熟。又听到了。这回清清楚楚，错不了。他们在外太空的儿子在努力和他们联系呢！他被发射到太空的时候才14岁，现在已经快20岁了。难道那些负面的沟通障碍已经被清除，通讯又成为可能了吗？是的。对大部分家庭来说，情况正是如此。在度过好几年极其紧张的时间后，父母们现在知道飞船上一切都很好，这终于让他们长舒了一口气。在20岁初期的"溅落（指航天器坠入海洋）"对于两代人来说都是一段美妙的时光。①

---

① [美]杜布森：《做父母不能太软弱》，张丽雪译，江西人民出版社2011年版。

当孩子们在"太空轨道"上公转、失联的时候，他们在干什么呢？我们做爸爸的需要去了解十几岁的孩子们都经历了些什么。这可以使我们有更大的忍耐以及委身，去尽自己的责任，帮助孩子们（以及我们自己）度过那些痛苦而迷茫的日子。

迷茫是十几岁青少年的标志。被困在孩童和成年之间——和哪一个阶段的人相处都感觉有点不舒服——青少年们对自己的身份和自我形象、自己的性征和自我价值都感觉迷茫。他们对未来也感觉很迷茫，因此有时候表现得像个孩子。这种巨大的迷茫会带来强烈的愤怒、敌意、疏远和沮丧。然后他们就把这些情绪发泄在最容易接触到，并且最好是不会反击他们的对象——父母的身上。

这公平吗？不公平。但是正如我不断告诉孩子们的："生活是不公平的。"所以作为爸爸，我们有一个呼召，就是在孩子处于青少年阶段这个关键时期，来忍受那一份不公平（并且帮助妻子来忍受她的那一份）。这是绕不开的。爸爸们，必须付出这个代价！但是记住，我们的父母也必须付出这个代价，而且他们已经付过了。父母和青春期孩子之间的矛盾冲突是人类有史以来的一个不变的现实。

这个现实很难接受，因为当我们的孩子到了青春期的时候，我们刚刚开始进入中年（40岁左右），很可能会有一个中年危机——这是成年人的另一个青春期，因为这个时期会重新定义我们生活中的许多方面，有时甚至会整个改变我们的生活哲学。

但是作为爸爸，我们无论付出什么代价都是值得的。

如果不付出这个必要的代价，风险太大了。有句话一直萦绕在我耳边："高中女生是全美国最孤独的人。"我想高中男生可能也差不多。我一直不由自主地想到最新的青少年自杀数据——在密歇根州的一个县，每年平均每100个青少年中就有8个曾企图自杀，这是一个非常让人不安的事实。我也一直不由自主地想到青少年们对这个问题的回应——在被问到"你想对父母说什么？"时青少年们说："我想告诉他们：我们不是假装需要帮助，我们是真的需要帮助。"

"我们是真的需要帮助。"我们还需要听到什么话，才能下定决心来付出这个必要的代价呢？

我们的核心任务

我们怎样回应这个求助的心声？我读过几百页关于父母如何处理青少年问题的材料，其中有一个观点特别引人注意。罗斯·坎贝尔（Ross Campbell）博士说："只有当青少年的情感油箱加满了，他才可能有出色的表现，成为最好的自己。"[①] 坎贝尔博士继续解释，为什么不断加满一个青少年的情感油箱如此重要：

---

① ［美］罗斯·坎贝尔：《如何真正爱青春期的孩子》，胜利出版社1981年版，第77页。

孩子必须一次又一次地回到父母那里，去重新加满他的情感油箱，来继续他的独立之旅。这正是青少年，特别是在青春期初期所发生的事。他们可能会用不同的方式来开始自己的独立之旅（有时候甚至用一些让人不安或沮丧的方式）。他们需要情感油箱中的能量支持自己完成这个旅程。那么他可以去哪里加油呢？对，父母那里！青少年们会以青春期孩子的典型方式去寻求独立。他开始一个人独立做事情，独自一个人待在房间里，独自一个人去某些地方旅游或挑战父母的规矩，等等。但是最终他情感油箱中的油会用光，那时他就会回到父母身边来为情感充电——来加满油。这是我们作为青少年的父母想要看到的。我们想要让我们的青少年孩子回到我们身边，来重新获得情感能量——如果他需要的话。油箱越满，越可以有积极的情绪，行为上就越可以做到最好，所以一定要准备好给他们加油。①

青少年们认为自己最需要从父母那里得到什么

我想我们应该去问问真正的专家——青少年们。他们认为自己最需要从父母那里得到什么呢？如果你觉得这个方法看起来有点不太靠谱，现在就请你放宽心。因为青少年所说的，常常和父

---

① [美]罗斯·坎贝尔：《如何真正爱青春期的孩子》，第29页。

母以及专家所说的互相印证。有人做过一个调查,在调查问卷结尾让青少年们给成年人提建议。下面是最常出现的一些建议:

> 试着去理解我们。认真听我们讲话,努力和我们交流。给我们更多的自由。相信我们,尊重我们,不要想当然地认为所有的青少年都很坏。要设立界限,如果我们不服从规则,就公正地管教我们。常常向我们表达爱,并要言行一致。不要说教——这只会让我们塞耳不听。当我们做得好的时候,要表示鼓励和赞许。不要论断我们,给我们罪疚感。要花时间陪陪我们。为我们祈祷,也和我们一起祈祷。做我们的好榜样。引导(而不是催促)我们走正确的路。不要冲我们大喊大叫,威胁我们,这只会带来叛逆。有些事情不要瞒着,要向我们解释,免得我们被好奇心驱使,以其他方式来寻求答案。①

在此我们找到了青少年向父母提出的五个非常清楚的需求:(1)爱、温情和快乐的家庭生活;(2)规则,界限;(3)独立,被信任;(4)耐心和理解;(5)肯定。当我们在思考如何去满足这些需求时,请记住:我们作为父亲的一切努力都需要智慧的指引。

---

① [美]朱迪丝·谢莉:《孩子的心灵需求》,校园出版社1982年版,第72页。

> 智慧帮助我们知道什么时候应该当面质问，什么时候应该拥抱，什么时候应该说，什么时候应该做，什么时候应该聆听，什么时候应该赞许。

要祈求上苍赐你智慧，让你知道如何回应处在青春期的孩子，甚至也许退后放手，让他们自己来把握和控制。

1. 爱、温情和快乐的家庭生活

青春期的孩子最想要的是什么？他们在叛逆、愤怒和闷闷不乐的外表背后，到底在寻求什么？他们在寻求一些非常基本的东西。他们需要爱。他们想要快乐的家庭生活。

无数从事青少年工作的专家们都指出这一点。我最信任乔希·麦道卫，他每年都要给成千上万的青少年做讲座，并且与好几百个青少年单独面谈。下面是他的一些经验总结：

> 我每年旅行大约15万英里，给高中生和大学生做演讲，我看到的是，他们真正寻求的是领导力、品格、正直感以及爱。
>
> 你知道今天小一点的青少年（13—15岁）真正想要什么吗？他们最大的渴望是快乐的家庭生活……86%的青少年都渴望有更加亲密的家庭关系，在这一点上女孩子（90%）和男孩子（82%）差别不大……研究表明，在所列出的24件"最重要的事"中，对小学五年级至

初中的青少年孩子来说,最重要的两点是"有快乐的家庭生活"和"等我长大时能有一份好工作"。①

爱——我很高兴听到这个,因为父母当然爱他们的孩子啊。但是且慢,乔希·麦道卫也发现了一个让人非常不安的事实。在一份针对好几千个高中学生所做的调查问卷中,问孩子们如果父母可以回答他们一个问题,他们会问什么,50%的学生说他们想知道父母是否爱自己。

我努力以无数种不同的方式来向我的孩子表达爱。这是我非常努力提高的一个方面。从他们出生的第一天起,我就想要孩子们知道,无可置疑地——他们的爸爸非常爱他们。这就是每天晚上他们听到的最后一句话是"我爱你"的原因。

猜猜结果如何?成效很显著!他们告诉我他们非常确信我爱他们。我的女儿基拉这样说:

> 我的爸爸把他对探险的爱传递给了我。他给我生活的喜乐。这是我所需要的东西,喜乐。我需要爱。他也给了我。他从未有一天没说"我爱你"。我爸爸总是确保我知道他多么爱我。

把以上感觉和下面这些青春期女孩的感觉做一个对比:

---

① [美]麦道卫,迪克·戴依:《为何等待》,生命出版社1987年版,第65页。

> 8岁的时候，我第一次和一个15岁的男孩做爱。我那么干是因为我缺少父母的爱和关注。我需要爱，而我的父母从来没有向我表达过任何爱。家里一切都没有任何改变。15岁的时候我怀孕了，我男朋友责怪我，离开了我。我没有地方可去，走投无路时，就做了人流。现在我很害怕和任何人约会，每天晚上都哭到睡着。①

所以要爱你的青少年孩子，表达你的爱。借着拥抱他们、花时间陪伴他们、倾听他们来展示你的爱。

要给他们提供一个快乐的家庭生活。这个想法可以追溯到前面提到过的许多建议，就是如何全家一起度过一些快乐的时光，以及如何编织记忆。这些活动的前提是需要有一个稳固、稳定、充满爱和快乐的夫妻关系。对于那些看到父母争吵的孩子来说，快乐的家庭生活是遥不可及的。

单单是生活在一个充满爱的环境里，就会对孩子的品格和价值观的形成产生很大的影响。一项有关青少年与父母关系的研究表明：

> 在亲密的家庭关系中长大的青少年，是最有可能对毒品、婚前性行为以及其他反社会和边缘行为说"不"

---

① ［美］麦道卫，迪克·戴依：《为何等待》，第37页。

的人。他们同时也是最有可能有较高道德标准、长久的友谊，拥有信仰并投身公益活动的一群人。在亲密的家庭关系中成长的青少年，他们身上体现出来的特征都是很重要的——这意味着这些证据不能简单地归因于概率。①

最近的研究表明，青少年更多地受父母的影响，而不是同龄人的影响，并且他们对父母价值观的认同程度超过任何人的想象。

这时有人会问：那孩子的朋友呢？甚至还有许多其他社会因素，就不会影响我的孩子了吗？毫无疑问——同伴压力、电视、电影和摇滚音乐会对青少年产生很大的影响。但好消息就是，家庭仍然是最强大的力量，可以带给青少年快乐、安全和安定。青少年们知道这点。这是在每一个调研中，青少年对爱的需求都非常强烈的原因。

记得本章前面说过，"高中女生是美国最孤独的人"。我们爸爸们可以做许多事情来缓解那种孤独感。其中一个好点子就是带你青春期的女儿去约会。我的意思是那种真正美妙的约会。把自己收拾妥当，开车去接她，订一个比较好的餐馆，为她拉开椅子，然后主动谈一些她感兴趣的餐桌话题。这样的一

---

① ［美］莫顿·斯托门，艾琳·斯托门：《父母的五声啼哭》，哈珀和罗出版社1985年版，第72页。

个夜晚会让她知道你多么在乎她,以及在一个真正的约会中,一个好男孩应该怎样对待她。因为惊喜和新鲜感的作用,你们两个都会觉得这很好玩。

2. 规则,界限

青少年们想要规则的约束。你可能会像我一样对此感到非常惊讶。我可以向你保证,我在自己孩子身上从来都没有看到这一点!"爸爸,我真的很喜欢你制定规则"以及"爸爸,你能够给我一些更严格的约束吗?"这不是我会从我孩子嘴里听到的话。

在这点上,我信任的是那些从事青少年工作的人的观察。罗斯·坎贝尔博士在《如何真正爱青春期的孩子》(*How to Really Love Your Teenager*)一书中说道:

> 但是让我告诉你一个非常重要的事实——所有的青少年在某种程度上都意识到他们需要父母的引导和约束。他们想要这个。我听到许多青少年说,他们的父母不爱他们,因为他们对自己不够严格。而且许多青少年对父母表示感谢和爱,是因为父母的引导和管束显示他们关心和在意自己。①

---

① [美]罗斯·坎贝尔:《如何真正爱青春期的孩子》,第77页。

我也听到劳伦斯·鲍曼（Lawrence Bauman）博士——一位接触过许多青春期少男少女的临床心理学家——说，根据他的经验："你可能会感觉很意外，但是青少年们其实想要有一些规则约束。我从来没有，我再说一遍，从来没有发现一个孩子告诉我他根本不想遵守任何规则。"①

为什么青少年们想要规则约束？因为在那些充满着试炼、错误和尴尬的年龄，他们需要家里给他们定一些标准，给他们的行为设一个界限——一个安全的行动区域，来给自己一种安全感和保护。

关于具体应该建立怎样的规则，如何引入这些规则，以及如何实施这些规则，我们将会在第十章"建设性管教"中具体阐述。值得一提的是，在给青少年制定规则和界限时，不要太过死板，要有一定的灵活性。这并不是说对待规则的态度可以不严肃，也不是说规则制定了可以不实施，而是可以适当考虑不同的情形，特别是当你孩子比较大时。除非是碰到了一些绝对不能妥协的底线，否则不要太过死板。要抓大放小，专注做好主要的方面，这些方面如果你真的做好了，许多次要的方面自动就会调整过来。

下面这种规则青少年们可能会非常喜欢。不是独裁式地命令他们开派对时不准有这样那样的行为，而是和他们讨论派对中可能会发生哪些实际情况，然后给他们一些退路。举例来说，

---

① ［美］蒂伦斯·鲍曼，罗伯特·里奇：《青春期九大难题》，莱尔斯图尔特出版社1986年版，第27页。

如果在派对中有毒品或是发生性行为，告诉他们马上打电话回家，然后你去接他们。许多时候孩子们想要有一条退路——想要能够说："是的，我父母不允许我这样做。"情况不一定总是这样，这也不会总是见效。但是至少给他们一个机会，当他们需要的时候，能有一条退路。

3. 独立，被信任

独立。这是青春期的主旋律。我们所看到的叛逆其实不是叛逆，而是每个人自然地寻求独立的表现。对于青少年来说，成长的核心任务就是建立一个独立的自我。

如果你像我一样，就会对此有一种复杂的感觉。一方面，你当然知道每个孩子都必须要建立一个独立的身份，因此，你很乐意看到这些。但是另一方面，你却为此感到哀伤，因为你失去了在他们很小时你们之间的那种亲密关系，那个时候你就是他们世界中的王。

尽管会很困难，但是我们必须让理智战胜情感。我们知道在那些年间会发生什么。孩子们试着回答自己生命中的一些大问题：我是谁？我应该如何生活？我需要遵守哪些规则？我要选择怎样的一种人生态度？这些答案不可能通过几个小时的研究或思考来获得，他们是在生活当中慢慢形成的。他们在家庭、同伴、学校、教会和流行文化中发现了各种互相排斥的价值观，他们必须从中找到自己认同的价值观。他们最终会发展出自己的身份感、认同感、权威意识和责任感。

> 作为父母，我们必须尽我们所能，来鼓励并积极支持他们去寻找那些答案，引导他们走向独立。

尽可能经常地对青少年说"可以"。我再说一遍，在你说"不"的时候，尽量抓大放小。这意味着要有一种不同的处理方式，要承认并欣赏孩子变得更加独立。尊重青少年对价值观和个人信念的寻求。当青春期孩子在经历并检验各种选择的时候，给他们一些自由宽松的时间。他们在这样的一种自由下所做出的决定，会比那些没有经过思考就理所当然地接受更好、更正确，也更能经得住时间的考验。

我喜欢用牛顿定律来比喻教养原则：父母对孩子的每一个过激行为，都会产生一个同等强度的反抗行为。简单来说，如果我不对我家的青少年所做的每件事都有强烈的反应，那么我的小孩也不会那样经常反抗，或不会反抗得那么激烈。作为成年人，我们有责任来使矛盾降级而不是升级。

在通往独立的道路上，青少年也渴望被信任。他们非常憎恶不被信任。

你不能直接给孩子一种叫作"值得信任"的品格，但你可以给他们提供被信任的机会——越早越好。大部分的孩子都会很乐意去获取父母的信任。

孩子们也能觉察到不信任和怀疑的态度。他们会想，好吧，如果爸爸是这样看我的，我干脆就自暴自弃好了。

让我们举个常见的例子，但这是件经常会引起争论的事：信任他们对衣服的选择。我们会说："你为什么穿那个？""你不能穿那个傻里傻气的东西！""你为什么老是穿得和其他小孩一样？"这些质问可能对我们来说都很有道理。为什么他们要听命于同龄人所强加的可笑的流行趋势呢？听起来很有道理。但是等等，看看你上班时穿的衣服吧。你为什么要戴一条细长细长的布带，很不舒服地缠在脖子上呢？或者为什么你要穿一身一点也不有趣的灰色套装呢？

如果可能的话，相信他们自己可以做出决定。抓大放小。

4. 忍耐和理解

有一项针对青少年的调查显示，在青少年想给成年人的建议中，出现频率最高的是"努力去理解"。一个16岁的青少年恳求说："请努力去理解一个青少年所要经历的一切事，然后记住你曾经也是一个青少年，你曾经也经历过许多同样的问题。"一个17岁的青少年建议道："要有耐心。我们常常都是蛮不讲理的，但我们已经尽力了。"

理解，忍耐。哦，多么需要，然而多么困难。

但凡困难的事，如果我们成功地完成的话，很可能回报也是丰厚的。下面是给你的一段鼓励：

> 我该怎么感谢我的父母呢？在我经历了吸毒、被学校开除、离家出走，带给他们那么多痛苦之后，他

们还是陪着我。

我那时完全控制不了自己了。感谢上帝,当我已经离弃自己时,他们没有离弃我。我欠他们很多。我要让他们为我感到骄傲!①

让我们回到那句话:"要记得自己曾经也是一个青少年,曾经也同样有许多的问题。"这是个很好的建议。让孩子知道你曾经也经历过那些事——你也失恋过,也因为一次重要的考试失败而伤心过。至少,他们会知道他们不是唯一遇到这些问题的人——这是青少年普遍的感受。他们会意识到,嘿,我爸爸就很好地走出来了。如果你幸运的话,他们还会感受到你的同情,被你的爱和关心所感动。

忍耐指的就是要在情绪上自我控制。情绪上过度反应会在很多方面伤害你和青少年之间的关系。这会使他们更加不尊敬你,会使他们保持距离,也会把他们推向别人的影响力之下。

忍耐就是在谈话的时候等他们主动说。不要太着急。可能他们刚开始谈一些鸡毛小事,你就急着想要打断他们。但是如果你等一下——有耐心——他们常常就会向你讲一些真正的心里话。这可能要花 5 分钟、10 分钟或 15 分钟时间,但这样的等待是值得的。

可能最困难的是碰到你家的孩子不愿意说话。好吧,尊重

---

① [美]约瑟夫·诺韦洛:《教养孩童》,A&W 出版社 1981 年版,第 4 页。

他们的隐私——这是青少年的另一个主要需求。但是在那些沉默的时间里，青少年们还是非常需要而且想要获得理解。在这样的情况下，也许你可以做一些事，来显示你理解并且关心他们。给他们一个惊喜，或者同意某个之前曾拒绝过的请求。他们对这种理解和爱的行为的反应可能会让你很吃惊。

当我青春期的儿子对我说，我最重要的一个美德就是在和孩子打交道的时候比较有耐心，我真的很惊喜。我年轻时肯定没有这种品格。埃里克这样归纳说：

> 当我大声尖叫着跑进房间，决定永远不再出房门时（至少在我最喜欢的电视剧开始之前），我爸爸会来到我房间，告诉我他爱我。他不会告诉我为什么我错了，或试图说服我他是对的，他只是告诉我他的感受，以及他认为发生了什么。后来，当我走出房间时（大约半小时以后），我还是觉得我是对的，但我意识到这根本不重要，我可以让它过去。我爸爸不是使形势恶化从而加剧裂痕，而是让时间带走我感受到的一切短暂痛苦。

给他们理解。对他们有耐心。别那么严肃！

5. 肯定

青少年所需要的最后一样东西是肯定。青少年应该知道"我是一个很重要的人""我是一个有价值的人"。青少年们在家里得到的肯定越多，就越少会去其他的地方寻找，这从下面这封青少年写的信中就可以看出来：

> 那些在成长的过程中很少被鼓励，却经常被打击的人，会有一种很强烈的不安全感和自卑感。当有人鼓励和赞美他们时，他们就对其产生好感。人们知道如何玩弄彼此的情感，他们会说别人想听的话来得到自己想要的东西。在我高中的青少年小组中，我有一个好朋友叫凯莉（Keri）。她觉得自己没有什么价值。当丹尼斯（Dennis）出现在她生活中的时候，她感到自己被需要。她知道他是个不道德的人，已经有一个孩子，并且刚刚从监狱里出来。但她还是和他在一起，因为他使她感觉很好。凯莉不再去教会了。几个月以后，我找她谈话。她告诉我说，她和丹尼斯在身体接触方面已经非常亲密。她说："我知道这样不对，但是从来没有人向我表示过爱，所以只要能留住丹尼斯，只要他不离开我，无论做什么我都愿意。"这使我很伤心，因为觉得世界如此冷漠，使得许多人不得不转向一些他们不相信的东西，来寻找一种个人的价值感。[1]

---

[1] [美]麦道卫：《希望父母知道我的性取向》，生命出版社1987年版，第54—55页。

而爸爸们，你们需要去扮演一个非常重要的鼓励者的角色，特别是针对青春期女孩子，就像下面这封高中女生的信中所说的：

> 你听说过不和女儿说话的爸爸吗？我的爸爸似乎都不知道我还活着。在我一生中，他从来没有说过他爱我，也不会给我一个晚安吻——如果我不要求他的话。
>
> 我想他忽视我的原因是因为我很无趣吧。每当我看到朋友们就会想："如果我像吉尔一样有趣，或像桑迪一样超级聪明，或像泰莎一样勇敢，具有朋克精神的话，他一定会放下报纸，对我感兴趣的。"
>
> 我会演奏笛子，过去三年里，我一直是学校秋季音乐会的独奏乐手。妈妈会来音乐会，但是爸爸从来都不来。今年，我要毕业了，所以这是他最后的机会。如果能在观众席上看到他坐在那里，要我放弃什么都可以，但是这永远都不会发生。①

在这里我们看到了做爸爸的影响力。这位爸爸没有关注女儿，然后她就认为自己迟钝、不聪明、无趣。

所以要对你青春期孩子的活动表现出热情和真正的兴趣。赞美他们并为他们取得的成绩而骄傲。

---

① [美]阿贝盖尔·伍德：《爸爸真麻烦》，1985年10月17日，第38页。

要点回顾

- 不要在比赛刚到中场休息时就论输赢。
- 在度过好几年极其紧张的时间后,父母们现在知道飞船上一切都很好,这终于让他们长舒了一口气。20岁时的"溅落(指航天器坠入海洋)"对于两代人来说都是一段美妙的时光。
- "我们是真的需要帮助。"我们还需要听到什么话,才能下定决心来付出这个必要的代价呢?
- "只有当青少年的情感油箱加满了,他才可能有出色的表现,成为最好的自己。"
- 油箱越满,感觉越良好,行为就越正面,所以一定要准备好给他们加油。
- 在此我们找到了青少年们向父母提出的五个非常清楚的需求:(1)爱、温情和快乐的家庭生活;(2)规则,界限;(3)独立,被信任;(4)耐心和理解;(5)肯定。
- 从来没有一天他没有说"我爱你"。我爸爸总是确保我知道他多么爱我。
- 让我告诉你一个非常重要的事实——所有的青少年在某种程度上都明白他们需要父母的引导和约束。
- 作为父母,我们必须尽自己所能,来鼓励并且积极支持孩子去寻找答案,走向独立。
- 在一项针对青少年的调查中,青少年最想给成年人的建议是"努力去理解"。
- ◆ 我那时完全控制不了自己了。感谢上帝,当我已经离弃自己时,父母没有离弃我。
- ◆ 他不会告诉我为什么我错了,或试图说服我他是对的,他只是告诉我他的感受,以及他认为发生了什么……我爸爸不是使形势恶化从而加剧裂痕,而是让时间带走我感受到的一切短暂痛苦。
- ◆ 青少年们在家里得到的肯定越多,就越少会去其他的地方寻找肯定。

第六章　找到家庭和工作之间的平衡

> 如果我能登上雅典之巅，我就要大声宣告："雅典人哪，你们为什么整天东奔西走拼命赚钱，恨不得把每一块石头都搜刮干净，却对你的孩子一点也不关心呢？总有一天，你们一切的财富不都要全数交给他们吗？"
>
> ——古代智者

在第一章我谈到要多花一点时间来陪伴孩子，来向他们表达爱。在本章中，我们要再次回到这个主题。花时间陪孩子的最大障碍常常是工作。

如果你刚刚觉得自己受到了鼓舞，想要成为一个好爸爸，下定决心要把本书中所强调的一些行动步骤应用到生活中去，那么你就必须找到健康的家庭和工作之间的平衡点。如果你一直都是每周工作超过50个小时以上的话，那你还不如就忘了这一切呢！因为一个每周工作超过50个小时以上的爸爸会左右为难，最终什么也做不好。一方面你会觉得和孩子在一起的时间很少，很宝贵；但另一方面，因为其他方面的责任太重，压力太大，所以你在陪孩子的时候，因为太累了，常常效果并不好。付账单啊，修车啊，或者家里一些零零碎碎需要修理的东西，常常会使爸爸们应接不暇。

老罗斯福总统（Teddy Roosevelt）的一些话说得非常中肯。我一直不知道，原来他是个如此顾家的人。关于如何平衡家庭和工作，这是我所听过的最精彩的话了：

> 有一些非常出色的女人，也有一些非常出色的男人。他们作为爸爸和妈妈，需要承担起供养家庭需要、维持家庭日常运转的职责。除此之外，还需要承担一些其他方面的职责——不是说用其他职责替代家庭职责，而是在履行家庭职责之外，承担一些其他方面的职责。但是和家庭相关的这些职责，永远是人类所需要履行的基本职责。我们在政治、商业，或是其他事情上，即使成就小一点也不是什么大问题。因为如果在这些方面我们失败了，我们的下一代还可以去改善。但是，一个妈妈如果没有尽到她做母亲的职责，结果要么就是根本没有下一代，要么就是下一代非常糟糕，甚至还不如没有。换句话说，如果我们的家庭生活被破坏了，国家就完全无法继续。家庭不仅是我们至高的职责所在，也是对我们忠心履行其他职责的至高奖赏。每一个身心健全的人，如果称职的话，一定会感

到生活中最高的奖赏，就是在孩子身上，在家庭生活中所感受到的那种快乐。①

美国的爸爸们真的想要更好地平衡家庭和工作吗？看起来似乎是如此。这方面第一个比较大的研究是1987年一个叫作"平衡工作和家庭生活"的研究。研究发现，基本上有同样高比例的爸爸和妈妈，都觉得在平衡工作和家庭时有"很大压力"。在1987年有另外一项调查，调查对象是明尼阿波利斯（Minneapolis）一家大公司的1200名员工。调查结果显示，60%的男人说他们在制定工作目标和计划时会考虑家庭因素。为了能有更多的时间陪伴家人，他们经常会放弃升职或者跳槽的机会。更近的一项调查是针对李维斯公司（Levi Strauss）和美国运通公司（Amerian Express）的一项大型调查。调查结果显示，父亲和母亲一样，都会因为很难平衡工作和家庭而备感压力。而且男人在平衡家庭和工作上所感受到的压力，从20世纪70年代后期以来急剧上升。调查结果显示，72%的工作的父亲都提及自己有这方面的压力，而在1978年，这一数字仅为12%。

为什么男人在平衡家庭和工作方面的压力上升了这么多？其中一个原因就是，职场妈妈的比例上升了，结果父亲就需要在家庭里面承担更多的责任。另外一个原因就是，现在的爸爸

---

① 摘自西奥多·罗斯福1908年3月在美国第一届国际会议前的发言。

们更加渴望能够多花一点时间陪孩子，能够更加积极地参与到孩子的生活中来。第三个原因就是男人在工作上所花的时间更多了。1973年，人们平均每周工作时间为40小时，到了20世纪80年代后期，这一时长上升到将近47个小时。在高级职位的话，平均每周工作时间大约是52小时，而小企业主和公司管理层每周工作时间则高达57个小时。在工作时长上出现了这样的长期增长，难怪马萨诸塞州互助保险公司（Masssachusetts Mutual Insurance）的调研发现，美国人相信，"父母和家人相处的时间减少"是造成社会上家庭观念没落最重要的原因。

所以事实很清楚，男人们很在乎家庭，非常在乎。那么下一个问题是，他们采取了什么措施来应对这种情况呢？

关于这一点，我们所看到的证据就更加复杂了。很多人都说他们很想做点什么。1988年杜邦公司（DuPont）调查了6600个雇员，其中一半是男人。调查发现，33%的男人考虑做兼职，以便有时间照顾孩子。在1985年这一数字仅为18%。同一调查还发现，48%的男人希望病假也能涵盖请假来照顾生病的孩子的情况，这一数字1985年只有27%。1989年的一项调查发现，74%的男人说他们希望会有一份更加适合"爸爸的节奏"的工作，而不是"快节奏"的工作。在过去几年中，男员工为了照顾家庭而离职的数量显著增加。

所以，男人们正在行动。前面的路还很长，但是改变的方向是很明显的——男人们想要找到一个健康的家庭—工作平衡点，而且越来越多的人已经准备采取行动了。

那么到底要怎么做呢？需要哪些改变？这对每一个人来说可能都是独一无二的。但是第一步通常都一样，就是先要管好自己，把自己的事做好。如果你要在家庭和工作的平衡上取得什么成效的话，这一步绝对是一切的前提。

管好自己

你想成为一个好爸爸吗？首先你要成为一个好男人。这又要求你做事要有正确的优先次序，并付诸实践。

我们在这里所说的都是一个人的底线，是最低要求。我坚持认为，一个男人，只有当他能够处理好自己的情感问题和灵性问题之后，才有可能成为一个好爸爸。如果你想要看证据，那么就请看看美国——看看美国的父亲们都做了什么，然后看看这对美国的影响。好几百万的男人从来都不在家。然后呢？没有然后了。其他的爸爸们，许多人虽然身体在，但是情感上却和家人很疏远。

简单来说，好几百万的美国爸爸们半途就掉队了。身体上的、情感上的，或者两者都是。为什么？因为他们没有做好自己。不是说他们不爱自己的孩子，也不是他们不想要孩子好，而是他们自己没有预备妥当。

罗伯特·布莱指出，美国男人有一个共同的感受，就是觉得自己很差劲。在工作上觉得自己很差劲，因为"无法取得自己想要的成就"；在做人方面觉得自己很差劲，因为"没有一个亲密的男性朋友，也不知道为什么会这样"；感觉自己作为一个丈夫也很差劲，"因为妻子总说自己沉默寡言，不和她分享自己的感受，而你甚至都不知道自己有什么感受"。[①]

布莱说到一个很重要的点，但要完全明白其潜在意义，我们需要深入一点挖掘"不知道自己有什么感受"到底是什么意思。从某种意义上说，他指的是我们应该理解自己的情绪和感受：喜乐、愤怒、担忧、悲伤等。但"知道自己的感受"更深层的意思是知道自己真正应该关心什么、看重什么，以至于不停地去想、去做。因此这就回到了我们最看重什么的问题，这是对生活优先次序的另一种表达。

管好自己，就是要建立你的生活优先次序，并活出来。

当你做到这一点时，就可以很好地平衡生活和工作了。而这反过来会慢慢帮助你成为一个好爸爸，能够真正把本书中所讲的许多行动步骤应用到生活中去。约瑟夫·诺韦洛（Joseph Novello）博士一语中的：

> 那些空有美好愿望，却没有受过良好训练的父母，他们可以读完书架上所有"如何管教孩子"的书，把

[①] 摘自罗伯特·布莱1990年接受美国公共事务电视台《男士聚会》节目访谈。

所有的技巧和术语都背得滚瓜烂熟。但除非他们自己是有节制、能够平衡生活各方面问题的人……否则基本不可能培养出不受环境干扰、具有自制力的孩子。毕竟，孩子们更多会对我们成年人的行为而不是言语做出反应。①

所以管好自己，建立自己的优先次序，这是我们的目标。那么在实践中要如何落实呢？

我自己是在1981年一段非常混乱的时期之后，才慢慢开始理清的。那时候的我，在工作、家庭和个人成长三方面都面临着前所未有的危机。工作上，就像一艘船经过一段一帆风顺的航程之后，前方航道上忽然没风了。我一个人静静地在一间没有窗户的办公室里面对着一份无聊的工作，老板也完全不知道我们应该往哪个方向走。家庭方面，我面临着双重的压力——孩子和爱情。孩子太多，爱情太少。这是一个很长的故事。这样说好了，那一年，我们带着双胞胎女儿和三岁的儿子，疲于奔命。但是，我还面临着第三重打击，也是最厉害的一击——我全人最中心的地方慢慢积蓄的压力最终爆发出来了。我在信心上遇到了挑战。

当生命的基础轰然倒塌的时候，我不得不深刻地反思，然后问自己：什么才是有终极价值的东西？我最想拥有的东西是

---

① ［美］约瑟夫·诺韦洛:《教养孩童》，第136—137页。

什么？我需要首先考虑什么？把我的精力用在什么地方？

事实上，那个时候也是开始思考这些问题最好的时机。因为那时候生活在这三个非常基本的方面都全线溃败，这反而使我更加容易衡量哪个才是最大的损失。

排第一位的一定是信念。几年前，我再次对此深有体会。如果失去了信心，生活就会变得毫无意义。

功课：在职业、金钱、名声、家庭或自我中，不可能找到生命终极意义的答案。

其次是家庭。我必须辞掉加州首席经济学家的工作。实际上，在所谓"持有一份光鲜亮丽的工作"这场豪赌中我已经输了。我正在美国环保署无聊——基本上毫无意义——的工作中痛苦着。虽然家庭方面也面临着非常大的压力，但我还是觉得家庭——我和卡罗尔、埃里克、克莉丝塔和基拉的关系——是我的避风港。这是喜乐的源头，甚至是更新的源头。

功课：即使家人的关系并不完美，家庭仍然可以成为躲避世界烦扰的避风港。

家庭牢牢地占据着第二的位置。这样，优先次序就建立起来了：信念、家庭，然后是工作。

功课：知道生活的优先次序，坦然接受必要的改变，态度坚定地走下去，就能够带来一种巨大的内在平安和方向感。

重新弄明白什么才是对我真正重要的东西，这让我感到一种巨大的安慰。接下来，我只需要把这个优先次序付诸实践就好了。

就在这时，突然一份完美得不太真实的工作机会从天而降。它马上就会考验我的这份优先次序是不是真是那么回事。当一份能让你亲自参与到总统选举的工作唾手可得的时候，工作真的能够待在第三的位置上吗？

活出生活的优先次序，特别是找到家庭和工作的平衡，是本章接下来重点关注的部分。我详细地分享自己的经历，希望它能够让你去思考一些问题，也鼓励你们中的一些人为了孩子，在工作方面大胆地冒一点险。我这样做了，并且从来也没有后悔过所做的这个大决定。

承担一些风险来实现工作和家庭的平衡

1982年初，我感觉筋疲力尽。那时候，许多事情接踵而来，让人应接不暇。1981年也有一些遗留的事情需要我重新思考。慢慢地，我感觉自己被拖垮了，我只想放松一下，希望1982年只要轻轻松松平稳度过就好。

我甚至都不怎么在乎自己是不是继续留在美国环保署这份无聊的工作上了。过了一段时间，随着整个机构内许多事情得到梳理，情况慢慢地在变好。我被任命为受益组（Benefits Group）的主管，负责管理下面的6个经济学博士。没有多激动，也没那么大成就感，但也还好吧。

我对工作的看法也改变了。我觉得工作中的事情不都是重要的，也没有任何终极的或说永恒的意义。对我来说，在家庭中与妻子、孩子所做的事却很重要。我觉得很显然，1982年我的主要精力应该放在家庭方面，对此我心里也有平安。

这时就有一个爆炸性的消息从天而降，打破了这种平静。环保署的一个朋友——1981年我和他非常谈得来——一天到我办公室丢下一句话："我听说有位参议员正在寻找一位经济学家。"我还没来得及问任何细节，他就走掉了，前后时间总共不超过8秒钟。是不是很奇妙？这么短短几秒钟，看起来完全不重要的事情，有时候却可以对你将来的生活产生那么大的影响。

对于当前的工作能够心态平和，并不等于想一辈子待在那里。因此朋友离开后没几分钟，我就给参议员的办公室打了个电话。

虽然我对这位参议员了解得不多，但这不是什么大问题。我知道他非常年轻，和一般有兴趣竞选总统的政治家完全不同。这就够了！我还需要了解什么呢？

经过和工作人员的两次初步商谈之后，我就和参议员本人见面了。我告诉他，我对这个职位非常有兴趣，可以很好地辅助他，等等。我只有一个要求，就是在很好地完成了本职工作之后，可以每天在下午5点到6点之间回家。我很直白地告诉他："我想每天晚上都可以回去和家人共进晚餐。"

这样的声明很可能会使我失掉这个职位，因为在"山上"——华盛顿人给首府区域起的外号——标准的做法是：只要有需要（接到上面要求或命令），工作人员经常会加班到很晚；而且从来都不缺精力旺盛的年轻人——许多人还是单身，这些人为了获得一份为国会成员工作的荣耀和特权，简直不惜一切，什么都愿做。

冒这么大险提这个要求，连我自己也有点惊讶。特别是想到如果失掉这个机会，那我的唯一退路就是回到环保署大厦里那个没有窗户的办公室里去。

我为什么要这么做？因为我刚刚获得这个信念：家庭应该放在工作的前面。那时，克莉丝塔和基拉才15个月，非常好动；而埃里克5岁，更加好动。这意味着两件事：

首先，我不想错过孩子生命中最宝贵的一些瞬间。在那个阶段，他们每天都有不同的变化。其次，从更现实的角度来说，我也意识到，如果我晚上不在家，家里就会垮掉的。

卡罗尔那时已经回到国务院全职工作了。即便我在环保署的工作相对轻松有弹性，我们也已经满轴转。如果现在我要等到7点半或8点半后才回到家，一切就会崩溃。当然我自己也会承受不住。

我不能这样做。所以我深吸一口气,告诉参议员我需要他的保证。让我吃惊的是,他和他的行政助理同意了。所以不到两周以后,我在观看里根总统的国情咨文演讲时接到一个电话,说我得到了这个工作机会。

快乐的日子又到了!还有什么比这更好的职位呢?现在我可以作为一个经济学顾问来帮助这位参议员,为下一任的总统竞选打造经济平台。而且他很可能会成为美国的下一任总统!

我成功了!

工作热情空前高涨!

在家庭和工作平衡方面,刚开始一切都很顺利,这种情况一直持续了大约14个月。然后在4月的某一天,当我心情愉快地走进新的立法主管的办公室时,听到一声晴天霹雳。他们告诉我,如果我想继续做"团队"的一分子,就最好能在所有时间都和"团队"在一起。他的意思是我每天晚上应该在办公室里待到大约8点或9点,并且基本上每个周六也要来,周日尽量来。

我知道他刚来这里不久,可能不了解情况,就平静地告诉他,我入职的时候就得到过保证:只要很好地完成了本职工作,我就可以回去和家人共进晚餐。然后我向他提起我做的工作,毫无疑问,一切证据都显示我所接到的必须完成的工作,我都很好地完成了。

没事了。至少我是这样想。但他接下来的反应才是真正的炸弹:"哦,那是去年,今年的形势完全不同了。我们现在正鼓足干劲准备总统竞选。"

等一下,我想,就我所知,游戏可能每年都不一样,但规则可都是一样的。我入职谈判时参议员本人就在场,他知道我们双方约定的规则,他也知道游戏是什么。一切都没有改变。

我不知道是谁,或说是什么在背后促使这个立法主管这样对我。我平静地把我的情况反映给了"老板"——确信他肯定会记得自己当初的承诺,并且不会食言。但是,我一直没办法见到他。他太忙了,没时间见我。

最后我得到消息,是间接辗转知道的,说参议员不会信守他最初的承诺来支持我。在这件事上,到底是他明确地做了这个决定,还是根本就不知情,我不知道。

决定——一次不值得的牺牲

我知道,我的职业选择就在面前。

我是要妥协,加入团队,从而分享参与总统竞选的兴奋和可能的光鲜——这可能是千载难逢的机会——还是应该说"不,谢谢,我不喜欢言而无信,而且这代价太高了"?

这个决定并不容易。我知道这可能是我职业生涯的一个转折点,我要先仔细地衡量一下得失。

我已经对参议员非常不感冒了,特别是对他的人品。并且我也不准备每周工作60—70个小时,换来每天只有跟家人说拜拜的工夫。

但我又想，这个参议员确实在一些大的问题上有些很好的政策建议，而且他确实有可能会成为总统。作为一个研究政策的经济学家，这不是我一直想要的吗？我不是一直想成为一个很有可能胜出的总统竞选团队的一员吗？而且我一直有个梦想，希望能在白宫里面办公。这样的机会也并不是常有的。

至于工作时间，也许我只需要加入"团队"一阵子，表明一下态度，然后当他们发现我在晚上或周末实际上并没有什么事可干，我就可以慢慢溜回到我平常的下班时间呢。

功课：当诱惑在眼前时，很容易把它合理化。

但是，反对的想法还是占了上风。首先，我是个家庭观念很重的人，基本上天性就让我无法完全牺牲家庭去为另一个人卖命，无论那个人多好，地位多高。

其次，这个参议员也不是那么好。我已经看到了一些非常严重的品格缺陷，我觉得这将使他永远也无法成为一个总统，至少肯定不可能成为一个好总统。而且，我肯定不能为一个自己并不尊敬的人工作。

所以最后，选择哪一个就很明显了：离开，不要回头看。

功课：如果最终需要你在职业和家庭中做选择，选择家庭。

功课：不要为你不尊敬的人工作——不管这份工作多么吸引人。

我在 1983 年做出了这个决定。好吧，这事就算这样过去了，现在怎么办？前方有什么在等着我呢？

为了陪伴孩子而创业

我一直在想自己的这个决定，甚至都没时间去想想下一份工作要干什么。开始去思考时，我知道现在是时候离开政府部门了。我已经有了非常丰富的履历：有威望的国会委员会成员，一个非常活跃的行政部门负责人，总统竞选委员会成员，一位参议员的贴身员工。9 年之后，我变得很疲惫。不是完全的筋疲力尽，只是疲惫。

我想要一些新东西，但那是什么呢？我在整个职业生涯都一直专注在公共政策上，而且很喜欢政策分析和规划。如果不在政府部门里工作，我可以在哪里做这些事呢？

很显然，选择之一就是自己做老板。

当我为参议员工作的时候，写了许多关于复兴美国实业、让人们自己开办企业创造新工作岗位，以及让几百万人在家办公的文章。

这个想法给了我一些灵感。何况我一直都喜欢独立，也希望能冒一点儿险。

但是在职业上冒险？用我的收入做赌注？这不是开玩笑的。这和总是想在一条新的滑雪道上滑雪，或者旅行时走一条没有标识的近路不一样，甚至和 1978 年离开政府部门来写我的第一本书都不一样。毕竟那时我有许多朋友在国务院，在我写完的时候，他们总是可以为我谋一份工作。

我现在想的是完全的脱离。一个人怎么能这样干呢？

回到最基本的问题：对我来说真正重要的是什么？这个问题，在 1981 年我就已经做过决定了，家庭绝对要放在工作前面。

提醒自己这一点之后，做决定就变得很容易了。我应该出来自己干，成为自由职业者。试试创业的梦想，并且在孩子成长中多花时间陪伴他们。

功课：跟随你的心。

功课：如果你有一个职业梦想，就去干吧。

就这样决定了。首先，把总统竞选活动、政府部门和安全的薪水忘掉。其次，出来自己干。

但是去哪里？做什么？我是说，现在我们所谈论的，是一个一辈子 36 年来都一直待在某个安全摇篮里的人。先是家庭的摇篮。然后在学校的摇篮里待了 21 年。之后又是朝九晚五、每周发薪水的工作摇篮。全部都是很安全很安稳的。

然后突然之间，保护伞就没有了。这太可怕了。但同时，如果你内心喜欢挑战，喜欢冒险，这也很让人兴奋。还有什么比这更大的挑战和冒险呢？

卡罗尔是如何保持平衡的

让我很惊奇的是，就在我做出决定后不久，卡罗尔也做出了她自己的职业选择。

1980年她怀孕之后，在另一个政府办公室找了一份临时工作，做了一段时间兼职，但国务院的领导不允许她这样做。10月份双胞胎出生以后，在正常的3个月产假结束后，刚开始她一周工作两天，然后三天。她很喜欢这样的安排，生活还算可以。

兼职结束，1982年夏天，她请了两个月的无薪假，然后回到国务院开始全职工作。4个月之后，她（我们）意识到这份工作太繁重了。一个家庭里面，两个人的工作都如此繁忙，加上三个年幼的孩子，根本忙不过来，必须要放弃点什么。

她尝试过兼职，很喜欢，决定自己开始调整，而且这将是一个很大的改变。她提交了一封信，说明家庭的情况，所以无法再继续全职工作。如果他们愿意提供一个兼职的职位（那个时候还没有先例），那么她很高兴继续留在国务院。

记住，这封信是写给国务院的。这是华盛顿特区臭名昭著的老油条俱乐部。这不是一个以开明的员工政策或关心妇女的需要而著称的部门。所以，这其实就相当于辞职。

奇迹中的奇迹，6个月之后，她得到通知，说国务院已经设立了一个固定的专业性兼职岗位，这在非文员类员工中属于首例。

功课：不要怕提"不可能"的要求。

工作自由的喜乐

这是天大的喜讯，但是时机糟透了。卡罗尔开始兼职时，我正好辞掉了参议员的工作，所以也失去了每周固定的薪水。

她的收入下降了40%，所以在我自己出来单干的时候，我们也需要努力适应家庭收入锐减的情况。这不是很理智的决定，但跟随你的心，有时候就是这样的。

我找工作没用多久。8月份第一周，就是我要离开参议员的前两周，接到了一个电话，给我一个咨询方面的兼职项目主管的职位。我将在几周之内上任。同时我也获得机会，亲自和环保专家联手，打造平衡环境保护和经济发展的纽带，这是我在许多书和文章中写到过的。

巧合吗？有些人会这样说。但如果你相信有一位关心你的主宰，你就知道这样出人意料的职位远远不是一个巧合。我一直在为这样的一个机会祈祷——希望能获得一个仍与公共政策有关的咨询项目，同时又能够提供稳定的收入。

一切都安排妥当了。至少在接下来的9个月内是这样，这是这个项目合同的期限。然后呢？我一点概念都没有。

生活肯定会大不一样了。我是自己的老板，每周有两天可以在家工作，可以自由选择哪一天去办公室。

自由！这真是奇妙的感觉。不仅是身体上自由——自由地来来去去——而且还有灵性上的自由。我知道我可以更加容易地跟随自己的心行事。

工作自由的代价

但自由是有代价的！

在过去几年里，我的许多朋友都表示过很羡慕我的自由。我告诉他们，自由的感觉是很棒，但我也把代价摆在他们面前，然后问："你愿意付这个代价吗？"

第一个代价就是失去物质保障。在单干的时候，生活上没有什么基本的最低收入保障。每年1月1日，展望新的一年时，你根本不知道年末你会在干什么，不知道这一年你会有多少收入，不知道会不会有很长的时期没有收入。我要说，这不是每个人都可以承受的。

我也想要坦诚地说，即使对于像我这样爱冒险、喜欢生活在不知明天会如何的状态中的人，在过去9年的时间里，还是有许多次感觉完全被极度的焦虑压倒了。我总是在4点到5点之间醒来，就焦虑得再也睡不着了。

这种早醒的情况有一段时间常常发生，那时我经常会有两周左右时间没有任何确定性收入。一个项目快要结束了,而新项目还没有影子。我接的第一个项目就是接下来的模式的一个预演。就像猫有九条命似的,那个项目好几次死而复生,每次都是因为不同的原因。这种不确定的兴奋——活在今天,不知明天如何——也有它不好的一面。

第二个代价就是收入水平。对于那些跨过第一道槛的人,这一个几乎肯定会绊他们一跤。我问他们:"你愿意接受收入下降30%吗?永久性的下降!?"

功课:最大化喜乐,而不是收入。

到这个时候,我所谓的自由的光辉在朋友眼中就已经非常暗淡了。

但是对我来说,第三个代价是最难付出的。当我决定要出来单干时,已经预见到前两个代价,也做好了接受的心理准备。但是第三个代价是完全意外降临的。第三个代价就是和许多的同事以及"朋友们"疏远。

在华盛顿,我有一个非常棒的朋友和同事圈子,都是过去这些年来不仅和我一起共事,还一起共进过许多午餐,一起参加过许多会议的老伙伴。我之前的工作有一个共同特征,就是在每一份工作上都能接触到许多相关的负责人。而在华盛顿,你懂得多少并不重要,重要的是你认识谁。

我心里很自信地跨入巨大未知的咨询行业,相信过段时间这些朋友就会带着合同来找我——提携一下老朋友嘛,我们的关系就像是一个大家庭一样。

多么让人震惊!现实是头 6 个月中我大部分的电话都没人接听。这真的很伤人,非常伤人。

我以前没怎么经历过这样的事。毕竟,当你从国会两院联合经济委员会,或者总统筹划委员会,或参议员办公室给人打电话的时候,人们一般都会很快回电,我就以为这是世界通行的做法。

现实是多么残酷:超过一多半的我的前"朋友们"其实根本不在乎我这个人,他们只在乎我的职位。这真是个令人难以承受的代价。它带来的精神创伤大约持续了一整年。最终我释然了,特别是意识到,这正好让我清楚地看出谁是我真正的朋友和同事,谁真正值得我尊敬。但我仍然真实地感受到失望和沮丧。

功课:仔细去想想谁是你真正的朋友。

回顾过去,从冒险告诉参议员我想每天晚上回家吃晚饭,直到决定离开他出来单干,我可以诚实地说,尽管有这些代价,我也从来没有后悔过。我一直觉得如果你想要真正的自由,就必须愿意接受风险。有一天我偶然读到一篇文章,谈到承担风险和个人自由之间的关系,这是当时感觉那么欣喜若狂的原因:

今天想想这些

开怀大笑就会冒着看起来像傻瓜一样的风险。

流泪就会冒着看起来多愁善感的风险。

伸手帮助别人会冒着卷入别人的麻烦的风险。

表达自己的感受就冒着暴露真实的自己的风险。

把你的思想和梦想放在众人面前就冒着失去他们的风险。

爱别人就冒着得不到爱的回报的风险。

活着就有死亡的风险。

希望就有失望的风险。

努力尝试就有失败的风险。

但是我们必须冒险,因为生活中最大的问题就是不冒任何风险。因为什么险都不冒的人,什么事也做不了,什么东西也得不到,最后变成什么也不是。他可能避免了痛苦和忧愁,但同样也失去了学习、感觉、改变、成长、爱或者生活的机会。他被恐惧牢牢锁住了,成了一个奴隶。他没有自由。只有敢于冒险的人才是自由的。①

---

① [美]查尔斯·威廉姆斯:《永远为父,永远为子》,第87页。

要点回顾

- 雅典人哪,你们为什么整天东奔西走地拼命赚钱,恨不得把每一块石头都搜刮干净,却对你的孩子一点也不关心呢?总有一天,你们一切的财富不都要全数交给他们吗?
- 如果你想要成为一个好爸爸,就必须找到家庭和工作的平衡。
- 改变的方向是很明显的——男人们想要获得家庭和工作的平衡,而且越来越多的人已经准备采取行动来实现这个平衡。
- 一个男人,只有处理好自己情感和信念的问题之后,才有可能成为一个好爸爸。
- 管好自己,就是要想清楚,要建立你的生活优先次序,并活出来。
- 在职业、金钱、名声、家庭或自我中,不可能找到生命终极意义的答案。
- 即使和家人的关系并不完美,家庭仍然可以成为躲避世界烦扰的避风港。
- 知道生活的优先次序,能够坦然接受必要的改变,态度坚定地走下去,就会带来一种巨大的内在平安和方向感。
- 当诱惑摆在眼前时,很容易把它合理化。
- 如果最终需要在职业和家庭中做选择,选择家庭。
- 不要为你不尊敬的人工作——不管这份工作多么吸引人。

- ◆ 跟随你的心。
- ◆ 如果你有一个职业梦想,就去干吧。
- ◆ 不要怕提"不可能"的要求。
- ◆ 最大化喜乐,而不是收入。
- ◆ 仔细考虑谁才是你真正的朋友。
- ◆ 什么险都不冒的人,什么事也做不了……他被恐惧牢牢锁住了,成了一个奴隶。他没有自由。只有敢于冒险的人才是自由的。

第二部分　建立品格

第二部分更侧重于每个孩子品格的培养。在美国历史早期，父亲首要关注的就是如何培养出具有坚定价值观和良好品格的人。1774年，未来的总统约翰·Q.亚当斯（John Q. Adams）在写给妻子的信中说：

> 我们要致力于塑造孩子的思想和行为，胜于一切……请向我亲爱的孩子们提起我，我非常渴望看到他们在母亲微笑的注视下向我跑来，爬上我的膝盖。我一直在思考孩子们的教育问题。我们要培养他们美好的品格，让他们习惯于勤奋、乐观和有志气。

工业时代使父亲们失去了这样的关注。养育孩子，包括培养品格和塑造价值观完全变成了母亲的事情。爸爸们，是时候重新回到我们传统上所扮演的角色中去了。因为现在的流行文化影响力非常强大，我们的儿女比以往任何时候都更需要从我们这里获得关键的输入，来形成好的品格。这是一场战争，而战利品就是我们每个孩子的心灵。为了他们，我们必须要上到前线，去打一场冲锋战和一场守卫战。上前线的意思就是，有智慧地利用我们和他们在一起的时间，在孩子的品格建造、价值观形成和灵性发展方面留下积极的影响。

第二部分的所有章节都有一个共同主题，就是如果我们想要孩子成为什么样的人，自己就必须做榜样。一天又一天，我们自己的品格为我们的教养定下了一个基调。想要你的孩子无条件地去爱吗？那你就要无条件地爱他们和他们的妈妈。想要你的孩子充满盼望吗？那你就要充满盼望。一句话，要过一种值得你孩子效仿的生活。

要持之以恒。在培养孩子品格、价值观和美好心灵上，你的"为父心肠"比任何养育孩子的技巧和方法都重要得多。

这是一项非常重大的责任。但是看到每个孩子都成为一个具有良好道德、品格高尚的年轻人，是多么令人喜乐啊！

第七章　从无条件的爱开始

我真不愿想象，假如我们一辈子都没有真正地活过、爱过，那会是怎样的一生。

拉尔夫·德罗林格（Ralph Drollinger）曾告诉人们他在传奇教练约翰·伍登（John Wooden）手下第一次参加篮球训练的故事：

那时我刚作为加州大学洛杉矶分校（UCLA）的大一新生，去约翰·伍登教练的队里打球，他是历史上最成功的大学篮球教练。我们15个队员以前都是全美冠军队员，马上将要成为本赛季的全国冠军。

然后我们第一天的训练就是……学习如何正确地穿袜子和鞋子。我想，这不是在小学一年级就学过了吗？第一课是穿袜子。伍登教练让我们仔细地把袜子卷上去，就像卷袖子一样，他要一个一个仔细检查。然后，我们又努力把袜筒展开，盖住脚，一直到小腿肚。他在房间里面来回踱步，就像神探夏洛克一样，拿着放大镜,仔细寻找 30 双超大脚上任何一个微小的、不平整的痕迹。他让我们在棉袜子的表面来来回回摩挲好几次,确保每一个基本细节都准确无误。

伍登教练的训练哲学就是每一个小细节都要执行到位,并通过大量的日常重复训练来保证这一点。无论比赛看起来多么复杂,他的处理方法永远都是简单而基本的,从来都不会偏离基础的东西。①

伍登教练的第一堂篮球课是学习穿袜子,我们建立孩子品格的第一堂课就是无条件的爱。基本原理都必须通过每天的重复练习来掌握。另一个伟大的运动员,达拉斯牛仔队(Dallas Cowboys)的罗杰·斯陶巴(Roger Staubach)一语中的:"我还没有完全弄清楚如何做好父母,但我知道最基础的东西就是爱——他们必须知道你爱他们。"②

这里的关键词是知道。孩子们不仅需要被父母所爱,而且他们必须感觉到被父母所爱。爸爸们,这点对你们来说尤其重要。你们一定要理解并照此行动,因为情况很容易就会变成:你知道自己爱孩子,但是他们却不知道这一点。当好几千名高中生被问到如果父母只可以回答他们一个问题,他们希望父母回答什么时,50% 的人说他们想要知道父母是否爱自己。

在《一分钟的爸爸》(The One Minute Father)中强调的主

---

① [美]乔·怀特:《家庭孤儿》,第 161—163 页。
② [美]保罗·刘易斯:《知名父亲》,第 131 页。

要原则之一就是"被爱和感觉到自己被爱着，两者是很不一样的"。在《得胜的家庭》(*The Winning Family*)中，路易斯·哈特(Louise Hart)博士说："在我办公室里，我问那些父母，他们中间多少人在成长的过程中就知道自己是被父母爱着的，经常有许多人举手。然后我又问，多少人感觉到自己被爱着？举手的人就少了。"最后在《如何真正爱青春期的孩子》中，罗斯·坎贝尔谈到了黛比的故事，这是一个因为感觉不到被爱而想要自杀的少女：

> 黛比代表了刚步入青春期的女孩中一个普遍而令人悲哀的现象。几年前，黛比看起来似乎很开心，很满足。在那些年间，她是一个自得其乐的孩子，很少会向父母、老师或者别人提什么要求，所以没人怀疑过她是否真的感觉到自己拥有父母的爱和接纳。虽然她的父母非常爱她、关心她，但是黛比并没有感觉到真正的爱。是的，黛比理智上知道父母是爱她、关心她的，也永远不会告诉你说他们不爱她。但是黛比却缺少一种宝贵而重要的感觉——感觉被完全地、无条件地接纳和爱着……
>
> 是她父母的错吗？应该怪他们吗？我不认为应该责怪他们。巴登夫妇一直非常爱黛比，但却从来都不知道如何表达他们的爱。就像大部分父母一样，他们只是隐约知道孩子有以下这些需求——保护、庇护、

食物、衣服、教育、引导和爱等。他们基本上满足了所有这些需求，除了无条件的爱。

我相信，父母们如果真的想把青春期孩子所需要的东西给他们，是可以通过学习来做到的。父母们需要学习如何真诚、有效地把他们的爱传递给青春期的孩子。①

我想看看问题的两面总是好的。乔·怀特（Joe White）是一个营会的负责人，在过去几年时间里已经带领过好几千个孩子。他告诉我们另一个少女的故事，说明了无条件的爱是如何起作用的，并且有多么强大的能力：

> 昨天我和一个女孩谈话，真让人大开眼界。这位女孩子是个全面发展、负责任、有品德的模范生。她告诉我，她的爸爸妈妈每天都向她传递他们多么以她为荣，多么地尊重她。辛迪告诉我，她永远也不想让如此爱她的爸爸妈妈失望。"即使当我离开家去上大学，自己一个人住，"她说，"我也总是努力去做正确的事。想到可能会让我的父母伤心，我就受不了。他们总是让我感觉到满满的爱。"
>
> 我不知道该如何强调，今天的孩子们多么需要不

---

① [美] 罗斯·坎贝尔：《如何爱上青春期孩子》，第13—15页。

断、不断、不断地看到、听到并且感觉到来自父母的那种无条件的爱。这是他们生活中最重要的需求。当它得到满足的时候，孩子的心灵就能攀上巅峰。它会给孩子足够的勇气和力量，去面对每一天各种各样的压力。[①]

我们知道无条件的爱是很根本、很重要的东西。它有很大的影响力，如果缺失，也会产生很多的负面影响。那么到底什么是无条件的爱呢？

◆ 无条件的爱就是无论他的表现、态度、习惯如何，你都爱他，因为他是独特而宝贵的。
◆ 是一种无论什么情形下都不会消失的爱。
◆ 是没有附加约束的爱。

对你的孩子来说，这是一种他永远都可以信靠的爱——永远。

你不惜一切代价，让我清楚地知道，我可以依靠你。

当我越来越多地和这个国家的年轻人谈话，我了解到他们中的大部分人根本没见过那种永远不变的爱，以及那种可以依靠的父母。这些孩子根本不用担心会把父母的爱看成理所当然，因为他们根本没有那种机

---

① [美]乔·怀特：《家庭孤儿》，第102页。

会。相反，他们的父母成了他们生活的中心，恰恰是因为父母永远都靠不住。①

——巴特·坎波洛写给爸爸的信

"但是等等，"你可能会说，"你不知道有时候事情会变得多么糟糕。你不知道我家那浑小子对我说了什么，或者他上个周末干了些什么。我的意思是，父母的忍耐也是有限度的。"

这话说对也对，说错也错。你无须毫无底线地忍受他们的一切恶劣言行，你可以责备他们。

你可以，也应该管教他们，但要在爱中做。让你的孩子知道虽然你反对他们所做的事情，但你还是爱他们。这是可能的，而且这是无条件的爱和有条件的爱之间的基本区别。

在爱你的孩子而不是他们的行为这件事上，我发现吉姆·桑德森（Jim Sanderson）在《如何培养孩子自立》（*How to Raise Your Kids to Stand on Their Own Two Feet*）一书中说得最为深刻：

> 我们必须对自己说："作为母亲或父亲，今天我首先要做的不是管教孩子，而是通过言语或身体接触来向他们表达爱和赞许。无论孩子的行为或态度给我带来怎样的感受，我都要想办法完成这件事，因为我知道他极其需要这样的肯定，而我则需要提醒自己我

---

① [美]托尼，巴特·坎波洛：《未开口的话》，第191页。

是多么爱他。一旦我们在头脑中清楚这一点,就可以用一种更加平静而有爱的方式来实现管教。"[1]

如果我们一致同意,我们必须努力去表达对孩子无条件的爱,使他们感受到,而不仅仅是知道,那么接下来应该怎么做呢?我们需要每天说"我爱你"!并且每天都表现出来!

说"我爱你"

向他们说"我爱你",在本书所建议的许多做法中,这是我觉得自己应用得最好的一个。从埃里克很小(大约两三岁)的时候起,我就每天晚上到他的房间里去听他做睡前祈祷,亲吻他,然后说"我爱你"。无论何时何地,无论情况如何,我都一直坚持这样做。有时候我们刚刚有过一场口角,有时候他生我的气,就把头转到一边或者把头埋在枕头底下;有时候我晚上12点半从床上爬起来,因为想起来忘记说了;是的,甚至有几次,他非常生气,说"爸爸,我恨你"时,我还是对他说:"我爱你!"

我真的不在乎当时是怎样的情形。我只知道,我想让他每一天都听到爸爸说"我爱你"。我肯定,在我们俩"不对头"的那些时候,他听到这句话,一定会有更大的影响。

---

[1] [美]吉姆·桑德森:《如何培养孩子自立》,康登和韦德出版社1978年版,第36页。

一直到什么时候呢？在他十几岁的时候，我还是这样做，而他也还是很喜欢。我怎么知道的呢？（我希望他永远也不要读下面这段，至少在本书出版之前别读）——因为他常常说："爸爸，你要给我掖被角吗？""你什么时候来给我掖被角啊？"从十几岁的少男口里听到这些话是很甜蜜的。更甜蜜的是他的这句话："爸爸，我爱你。"虽然不是每次都会说，但在我向他表达爱之后，他经常这样回应。对于一位爸爸来说，这就很满足了。

我必须承认，在这点上我对女儿没有这么尽责。对她们，我大概98%的时候都会做到。这之间的差别，原因也许是埃里克一直都是"只有他一个人"，而女儿们总有彼此做伴，并且我和女儿们也没有那么多关系紧张、情绪激动的时刻。不过，这些98%的时候是非常美妙的，我最喜欢在离开她们的房间时听到她们说："我爱你，爸爸。"有时候如果我病了，所以早早上床睡觉的话，就会听到卡罗尔鼓励孩子们上楼给爸爸掖被子。

吉姆·桑德森以他典型的不顾对方面子、快言快语的方式说：

> 默默的关心很重要，但是时不时地，我们也需要直白地用语言表达出我们完全的赞许。我的意思是这样直白地说出来："你是我的孩子，我觉得你是最棒的！"我们确实是这样觉得的，不是吗？我们愿意把他们和所认识的其他孩子互换吗？不愿意，是吧？那么就让我们毫不害羞地说出来吧。不要去管其他人会不会为了表现

得端庄得体或是别的原因而轻易不开口赞许。天知道，有很多时候我们所做的最多不过算是微弱的称赞。①

说"我爱你"可以有许多不同的形式。有位受人欢迎的青年演说家和作家，他有一种对四个孩子都很有效的方式：

> 我很喜欢和孩子们这样玩，比如当我发现他们在忙着做家庭作业时，我就停下手头的事情，然后大声喊："嘿！"现在他们都很习惯这个了，所以第一次听到时根本就不会有任何反应，因为他们知道接下来会发生什么。
>
> 我继续"嘿"好几次，他们就会开始微笑，有时候会大笑。然后他们努力板着脸直直地看着我说："爸爸，你想干吗？"
>
> 然后我就朝他们眨眨眼，默默地用嘴唇比个"我爱你"的样子。
>
> 这招永远都不会失灵。也许他们本来心情很不好，也许这天在学校过得很糟糕，但是每一次他们都会忍不住"扑哧"笑起来。然后他们也会用唇语回应我说："我也爱你！"②

---

① 麦道卫，迪克·戴依：《六A的力量：如何成为你孩子眼中的英雄》。
② [美]菲尔·麦科姆：《男人运动转向狂野》，《华盛顿邮报》1991年2月3日。

如果你经常说"我爱你",这对你的孩子来说会有多么重要呢?非常重要。罗伯特·布莱曾说过:"我不知道曾有多少男人对我说过,'我爸爸临终的时候,我希望他告诉我的是他爱我'。"还有这个少女的话:

"我不讨厌我爸爸,"她说,努力不让眼泪流下来,"我爱他,我真的很爱他。我不想要他伤心,我只是想让他不再打击我。我想要他把我真的当作女儿一样去爱。"

在访谈中,她告诉我当她爸爸忽视她的时候,她感觉多么绝望。然后当她做了一些事(像喝酒、嗑药)来博取他关注的时候,他们父女的关系变得更差了。她告诉我说,有一天她站在他面前大声尖叫:"我是你的女儿,告诉我你爱我!"他把她推到一边,坐下开始读报纸。[1]

用行动表达爱

在向他们说"我爱你"的同时,也应该表现出对他们的爱。你可以花时间陪伴他们,和他们好好交流,或者去帮助他们。有种最重要、最简单的表达方式就是,持续地,最好是每天拥抱他们。

---

[1] [美]罗伯特·费舍尔:《快快听,慢慢说》,丁道尔出版社1987年版,第40页。

还记得那个故事吗，一个朋克少年要求乔希·麦道卫拥抱他一下？这是我所听过的孩子们渴望拥抱的最有力的证据。如果这是他们想要的，就让我们满足他们吧。给多少？只要看起来自然，就一直给吧。

建议每日拥抱的摄入量如下：每日 4 次只能勉强存活，每日 8 次可以保持活力，每日 12 次可以促进成长。

爸爸们要记住，10 岁以下的儿童和十几岁的青少年都需要拥抱。一项研究发现，对 5 岁的儿童，64% 的爸爸会每天用身体接触的方式表达爱；而对 9 岁的孩子，只有 33% 的爸爸会这样做。我们必须特别提醒自己，要持续地对女儿们表达爱意。调查表明，爸爸们经常在女儿长到 11 岁、12 岁或 13 岁，开始性成熟的时候，就完全放弃拥抱或任何形式的身体接触。这是错误的做法。那时她们比任何时候都更需要这些。已经有许多资料表明，那些很早就开始性行为并对此态度非常随便的女孩，她们之所以这样做，往往是在寻找自己从来没有得到过的父爱。所以请拥抱那些青春期少女，也不要忘记儿子。他们嘴上不会承认，但其实心里很想要。

在我家，我们一直都很坦然地公开表达对彼此的爱。我爸爸是我所知道的最有男人味的人，但他会亲吻我和我的哥哥们，而且会告诉我们他多么爱我们。

许多和我一起长大的男孩子,他们的爸爸都很不习惯向他们表达爱。我想这可能是因为他们觉得这不像是一件男人干的事。我不怀疑他们的爸爸爱他们,只是他们恰恰是那样一种男人——他们所知道的表达爱的唯一方式就是起床去上班,挣钱回来养家。①

也不要忘记你的妻子。我必须加上这一点,因为卡罗尔在生活中最喜欢的一件事恰恰就是拥抱。我曾送给她的一首诗,布鲁斯·威尔默(Bruce B. Wilmer)的《我需要一个拥抱》,现在就挂在我们家墙上,这也许是我们男人应该时刻提醒自己要对妻子、儿子和女儿做的。有了这个挂在厨房墙上的提醒,当我和卡罗尔感觉疲惫、心情低落的时候,孩子们也会用拥抱来"偷袭"我们。吉姆·桑德森说出了为什么要用这种直接的方式向他们表达爱:

> 提醒他们这个事实(就是我们爱他们)真的有必要吗?真的有必要。对于一个青少年来说,将来会遇到的麻烦和痛苦很少等于现在可以得到的爱和安慰。对于一个成年人来说,这两方面的东西也常常是不平衡的——这是我们结婚的原因之一。显然,每天向我们的孩子表达爱也可以使我们自己的生活更加稳定。

---

① [美]雷伊·瓜伦迪:《回归家庭》,第149页。

这些都是我们理应做却没有做到的，现在还需要特别被提出来，这真是让人有点难为情。我们必须经常审视自己，然后说："这还不够好。"有一天我出差回来，发现自己见到妻子和孩子时非常开心，而且他们也非常想念我，这使我很感动。我一放下行李箱，我们就亲吻拥抱在一起。我们的文化允许我们在一次暂别后这样表达感情。但我们为什么一定要等到暂别之后才这样做呢？现在我觉得，当我每天从办公室回来的时候，我已经和他们分别8—10个小时了，这样的分离已经足够长了，所以我会给每个人一个拥抱，不管他们是不是有这个心情。因为现在我有这个心情，而我有权利用行动告诉他们我的感受。①

现在我想和你分享一个做法，能够非常有力地告诉你的孩子，你对他们的爱是无条件的。它把说"我爱你"和用行动表达爱结合了起来。

给予祝福

这个做法就是为你家的每一个孩子祝福。为什么要祝福？因为这很有效。我怎么知道的呢？因为我们家就经历过，并且

---

① ［美］吉姆·桑德森：《如何培养孩子自立》，第40页。

我也听到、读到许多孩子的见证,说这对他们的生活产生了怎样的影响。让我们来听听其中一个孩子是怎么说的吧:

亲爱的爸爸:

让我对你说"我非常爱你",以此开始这封信吧。我对你的感觉只有尊敬。一个孩子在成长中最景仰的人就是爸爸。你向我所展示的爱和关注对我非常重要。我一直都觉得我对你可以无话不谈。

这一点特别在你对我的祝福中可以看出来。从我记事起,你每天晚上都为我祝福。这些祝福不仅仅只是一些话语。我想告诉你,当你来到我的房间为我祝福时,我觉得自己非常特别。它帮助我建立起自信,使我感觉自己非常有价值。它使我感觉到你信任我,并且在我一切所行的事上都祝福我。当你要求我某件事——比如在某个时间前回家——我就很想遵守,因为我不想打破你的信任。

哦,显然,我不是一个完美的人。我做过许多不好的决定,但尽管如此,你也总是原谅我,并且会耐心听我倾诉。

我把你看作是朋友,也是一个榜样。和你在一起总是很开心,不管是你带我出去打棒球和高尔夫,还是你去看我的棒球比赛。这些年来,有你在看我比赛,我总是感觉很棒。我们回家的路上会谈论这场比赛,你会听我吹牛说接了一个好球或打了一杆好球。我也很喜欢每周日和你一起看足球赛，一起为维京队惋惜、吹口哨、欢呼。比赛结束后的时间总是最棒的，因为我总是兴致大发，想要踢足球，我们就会去外面，我会让你整整一个小时跑得筋疲力尽。

就是因为这些事，我才意识到，当你说出那些祝福的时候，不只是空口白话而已。它们让我觉得你真的是从心里说这些话——我对你来说确实是很特别的。

行动的力量比言语大多了。我可以从你祝福我和对待我的方式上看出来：你爱我。每晚这样不断的提醒对我来说非常特别。谢谢你无条件的爱。这对我非常重要，超过你的想象。①

——卡尔顿，21岁

到底什么是祝福？我见过的最好的定义是加里·斯莫利（Gary Smalley）和约翰·特伦特（John Trent）在《祝福》（*The Blessing*）一书中写的：

> 家庭祝福是以有意义的抚摸开始的。然后说一段有价值的话，为领受祝福的人描述一幅特别的、关于未来的画面，这段话要让孩子看到，这祝福终会来临。②

---

① [美]罗尔夫·嘉宝：《家庭祝福》，话语出版社1990年版，第45—47页。
② [美]加里·斯莫利，约翰·特伦特：《祝福》，口袋图书出版社1979年版，第47页。

这里有 5 个元素，每一个都在他们的书中有详细的展开（如果你决定给孩子祝福，可以去读读）。

你可以有两种基本的祝福的方法：第一种是需要按手的正式祝福。

我永远也忘不了我的孩子一个一个跪在他们爷爷面前，领受他祝福时的那种庄严的美。

祖父给孙子祝福——这是几千年来的传统，今天还是一样有意义。当时房间里人人都眼眶湿润。

这段祝福的话是我最喜欢的。你可以选择你自己喜欢的部分，也可以用你自己的话给孩子祝福。

第二种祝福就是通过每天的言语和行为来表达。这一点在加里·斯莫利和约翰·特伦特所列的"一百个给孩子祝福的家庭"中有。里面总结了人们对下面这个问题的回答："你是通过哪些特别的方式知道你得到了父母的祝福？"这些回答让我很意外，也给了我很大的鼓励，因为这是一些很不起眼的日常行为，就和我在本书中所建议的那些行动步骤一样。来看看孩子们认为什么是父母的祝福：

> 我们常常会获得许多拥抱，有时候即使没有任何特别的表现，也会得到爸爸妈妈的拥抱。
>
> 我们常常一家人一起野营（这个回答出现了多次）。
>
> 爸爸妈妈会单独一个一个地带我们出去，和他们一起吃早餐。

我们一家人常常在一起读《绒布小兔子》，这是一本讲我们小孩子多么宝贵的书。

我爸爸借着爱我的妈妈来爱我。

我爸爸总是问我："你觉得我可以做些什么，让你觉得今年是最难忘的一年呢？"然后他会努力去这样做。

我爸爸出差有时候会带上我。

我爸爸无论成功还是失败都会与我分享。

我爸爸必须出差的时候，他会写一张特别的便签放在我的枕头上。①

什么是祝福？归根结底就是我们致力于实现孩子的最高利益。而这个最高的利益，对于父母来说，就是他们的孩子可以尽心尽性地活出爱。我们这些做父亲的，能够将这些奇妙的祝福传递给所交托于我们的每一个孩子，这是何等大的一个祝福！

在本章的结尾，用丹·霍夫（Dann Huff）的演讲来总结无条件的爱可以带给孩子怎样的影响是再好不过的了。他提到无条件的爱如何影响了他一辈子：

当我到了一个阶段，说："我要开始叛逆了！我要离开这儿！再也受不了我父母了！他们根本不知道

---

① ［美］加里·斯莫利，约翰·特伦特，《祝福》，第223—229页。

自己在说些什么!"我记得自己曾仔细地想过这个问题,我对自己说:"我不能叛逆——他们太爱我了!"我讨厌他们这一点!这听起来有点奇怪,但我就是无法叛逆。我不是天使,但我也无法背叛那样的一种爱。我很想叛逆,所以这就让我很生气。如果他们爱我的方式有任何的缺点,或者他们身上有任何的虚伪,或者不诚实,或者态度居高临下,我想我就可以找到一个破口,从中逃出去了,但我任何破口都找不到……

让我以一句话做总结,这句话说明了一切:我爸爸在他三个儿子的婚礼上都是伴郎——如果我们是女孩子的话,我想我妈妈就会是伴娘。①

要点回顾

◆ 当我们开始用无条件的爱来建立孩子品格的时候,应该记住伍登教练的训练哲学:从基础开始,并注重基础的训练。
◆ 孩子们不仅需要被父母所爱,而且必须感觉到被父母所爱。
◆ 我也总是努力去做正确的事。想到可能会让父母伤心,我就受不了。他们总是让我感觉到满满的爱。
◆ 无条件的爱就是无论他的表现、态度、习惯如何,你都

---

① [美]格洛丽亚·盖瑟:《父母做对了什么》,第115—116页。

爱他，因为他是独特而宝贵的。

- 你可以也应该管教他们，但要在爱中做。让你的孩子知道虽然你反对他们所做的事情，但你还是爱他们。
- 尽可能常常对孩子说"我爱你"，并时不时地、直白地用言语表达我们完全的赞许。
- "我不知道曾有多少男人对我说过，'我爸爸临终的时候，我希望他告诉我的是他爱我'。"
- 要用许多不同的方式告诉你的孩子你无条件地爱他们，但最重要的方式就是常常拥抱。
- 青少年——也许特别是青少年——也需要拥抱，包括儿子和女儿。
- 现在我觉得，当我每天从办公室回来的时候，我已经和他们分别8—10个小时了，这样的分离已经足够长了，所以我会给每个人一个拥抱，不管他们是不是有这个心情。
- 行动的力量比言语大多了。我可以从你祝福我和对待我的方式上看出来：你爱我。每晚这样不断的提醒对我来说非常特别。
- 家庭祝福是以有意义的抚摸开始的。然后说一段有价值的话，为领受祝福的人描述一幅特别的、关于未来的画面，这段话要让孩子看到，这祝福终会来临。
- 你可以有两种基本的祝福方法：第一种是需要按手的正式的祝福，第二种是通过每天的言语和行为。
- 我们这些做父亲的，能够将这些奇妙的祝福传递给所交托于我们的每一个孩子,这是何等大的一个祝福!

- 当我到了一个阶段,说:"我要开始叛逆了!我要离开这儿!再也受不了我父母了!他们根本不知道自己在说些什么!"我记得自己曾仔细地想过这个问题,我对自己说:"我不能叛逆——他们太爱我了!"

第八章　建立自尊

　　父母应该把孩子自尊的油箱加得满满的，即使世界在上面戳了许多洞，油也漏不完。

　　　　　　　　　　　　　　　　——佚名

　　我要向你们坦白——我写这一章的时候感觉很紧张。这个主题太重要了，可说的东西太多了，而我显然并不是这个领域的专家。关于这个主题，如今市面上光书就有好几十本，一章的篇幅怎么够呢？

　　但与此同时我也觉得，我在阅读这些书的时候学到了很多。我很想与你分享一下，在这些书中有哪些经常不断出现的主题，我们可以从中学到哪些功课。也许我可以做一件还算有价值的事，就是用相对短的篇幅，将你需要知道的要点归纳出来：自尊对于一个孩子有多重要？这给我们爸爸们带来了什么挑战？文化以及父母在孩子的自尊形成上有多大的影响？我们可以采取哪些具体的行动来增强孩子的自尊？

孩子自尊的重要性

自尊对一个孩子到底有多重要？下面是一些著名专家的话：

> 良好的自我形象是孩子手中最重要的一个工具，帮助他很好地应对日常生活中出现的问题、突发情况和关系危机。自我形象对于孩子非常重要，直接影响他们如何去学习、拼搏、工作、社交，以及去爱和被爱。自我形象是你的孩子如何对待自己以及如何被别人对待的关键。①
>
> ——德博拉·菲利普斯博士

> 自我形象是你可以给孩子和你自己的最好的礼物。这是心灵健康、爱和幸福的关键。它意味着知道自己是有价值并且值得被爱的。②
>
> ——路易丝·哈特博士

我仔细研究了无数青少年在面临巨大危机时的复杂心境，奇妙的是几乎所有悲剧都有一个同样的病根。开始的谈话可能关于堕胎、嗑药或者叛逆，但是时间久了，

---

① [美]德博拉·菲利普斯：《如何给孩子好的自我形象》，兰登书屋1989年版，第7页。

② [美]路易丝·哈特：《得胜家庭》，米德多德出版社1987年版，第5页。

获得共鸣之后，当情感复杂的表层被剥去之后，几乎无一例外地都有一个自我形象过低的问题显露出来。①

——乔·怀特

自尊，或缺乏自尊，也给周围环境带来很强的影响：

奇妙的是我们真的会爱人如己。我们恨自己的时候就会恨别人。我们对自己很包容的同时也会对别人很包容。我们赦免自己的时候也会赦免别人。给世界带来伤害的各种麻烦事，根源不是我们对自己的爱，而是对自己的恨。②

——埃里克·霍弗（Eric Hoffer）

无论什么年代，当大部分人都无法获得自尊时（比如20世纪的美国）就会有很广泛的"精神疾病"，神经过敏、憎恨、酗酒、药物滥用、暴力和社会混乱。个人价值感并不是一件可有可无的东西。我们必须拥有它，如果得不到，人人都要受苦。③

——詹姆斯·杜布森博士

---

① [美]乔·怀特：《家庭孤儿》，第129页。
② [美]路易丝·哈特：《得胜家庭》，第11页。
③ [美]詹姆斯·杜布森：《让孩子自信过一生》，北京，中国轻工业出版社，2005。

好吧，这些是专家的话。但如果你真的想要理解自尊对一个孩子——你的孩子——有多重要，就来听听巴特·坎波洛在一封给他爸爸托尼的信中所说的话：

> 无论你在其他地方做得成功不成功，爸爸，至少你成功地使我毫不怀疑地相信，我几乎是你所见过的最棒的人，所有不能看到我价值的人都仅仅是睁眼瞎罢了。你使我对自己有完全的自信，这比其他任何东西都更能改变我的生活。
>
> 我知道有些人会认为，做父母就意味着给孩子灌输恰当的原则，培养并训练孩子，以及做个好榜样。但是总的来说，我认为更多的应该是在孩子心里创造出一种坚不可摧的个人价值感，因为他以后一辈子都需要这一点。[1]

今天流行的自卑感

现在我们知道，健康的自尊对于我们的孩子和社会来说有多么重要了。我们需要知道的下一件事，就是青少年很少拥有这种自尊。相反，在12岁到20岁之间的孩子中，存在着一种

---

[1] [美]托尼·坎波洛，巴特·坎波洛：《未开口的话》，第141页。

詹姆斯·杜布森博士称之为"流行的自卑感"的东西。这位儿童发展专家、父母管教畅销书作家写道：

> 这种同样让人消沉的自卑感随处可见——它存在于每一个社区、每一个教会、每一个美国校园里。这在当今的青少年身上特别明显。我观察到，在12岁到20岁的大部分孩子身上，都弥漫着一种极度的失望：对自己是谁、代表着什么感到失望。①

为什么会这样？今天的孩子们不是拥有很多的东西吗？不错，他们在物质上，通常是钱和机会上是拥有"很多"，但却无法拥有那种被自己最看重的人接纳的感觉。然后他们就拒绝接纳自己，而这是低自尊的问题所在。

让我们仔细去想想为什么孩子们感觉不到被接纳，为什么他们拒绝接纳自己。下面是他们每天要面对的：

首先是他们的父母。一项调查显示，父母对孩子所说的每一句正面评论，都伴有10句负面评论。另一项调查要求父母记录下自己批评孩子的次数，发现平均每天有大约20—100次。现在把这个事实和儿童心理学专家的话比较一下。专家说，孩子们平均最少需要4个正面评价，才能抵消1个负面评价在自尊心上产生的伤害。

---

① [美]杜布森：《让孩子自信过一生》，许惠君译，中国轻工业出版社2004年版。

在你头脑中想象一下这些比例关系：

P= 正面评价， N= 负面评价

我们需要给出 4 个 P 才能消除 1 个 N

但我们给出 10 个 N 时才给 1 个 P

因为我们平均每天至少给出 20 个负面的评论，所以如果要消除这些伤害，我们每天至少需要给出 80 个正面评论。

而对我们孩子的攻击还不止于此。很不幸的是，我们还从学校获得了许多的负面支持，这是孩子们长时间待的另一个地方。根据一个全美"父母—老师"组织的研究，在学校里这一比例甚至更为糟糕：每 1 个正面的评价，伴随着 80 个负面评价。另一项研究发现，学生们每年大约会受到总时长约 60 天的训斥、唠叨和惩罚。在 12 年的上学期间，一个学生要承受 15000 次的负面评价。而这仅仅是从学校老师那里获得的，还没有算上那些无法统计的、从其他孩子那里来的言语打击——有些孩子以为这样打击别人很酷、很幽默。毫不奇怪，当孩子们进入一年级时，80% 的孩子对自己都感觉相当好，到了六年级时，只有 10% 的人有比较健康的自尊心。

为了得到一幅完整的图画，我们也必须说说美国的流行文化对孩子造成的普遍影响。虽然我相信到目前为止，父母是影响孩子自尊的最大因素，但是强大的文化力量也在每天影响着孩子。詹姆斯·杜布森博士发现，美貌和智力作为两个最主要的文化理想形象，常常决定了一个人的自尊和价值感。在美貌这点上，他指出了我们成年人中让人担忧的现象："我们成年人对一个特别漂亮的孩子和一个特别不好看的孩子态度大不相同，而这对于个性的发展具有深远的影响。"[1] 难怪孩子到三四岁时就能明白容貌吸引力的重要性了。当近 2000 名 11—18 岁的少女被问到说："如果你能够改变自己身上的一样东西，比如你的外貌、性格或生活能力，你想改变什么？"59% 的人提到了她们的外貌（只有 4% 的人想要更有能力）。

杜布森也指出，智力的理想状态对孩子自尊产生的影响很大程度上取决于父母："当第一个孩子快要出生的时候，父母会祈祷他是个正常的孩子——也就是平均水平。但是从出生那一刻开始，平均水平就不够好了。"[2]

结论是明显的。一般来说，学校、同伴或者文化不太可能提高一个孩子的自尊。如果要提高自尊，必须在家庭内。而就在此，爸爸们有一个非常重要的角色要扮演。

爸爸的强大影响力

有个全美调查问到青少年们怎样建立他们的自我形象，最后浮现出来的 5 个最重要的因素是：

1. 和父亲的亲密关系。
2. 和父亲有很多时间在一起。

---

[1] ［美］杜布森：《让孩子自信过一生》。
[2] 同上。

3. 和母亲有很多时间在一起。

4. 在家里感觉安全和被爱着。

5. 平均成绩能达到 A 或 B。

根据该调查的设计者乔希·麦道卫的说法,"这些因素似乎显示出青少年们更看重与父亲的关系,胜过与母亲的关系"。①

曾经有一句话让我过目难忘,又感动,又感觉到挑战:"父母所看到的'你是'变成了孩子内在的'我是'。"

孩子们尤其会被父亲的话所影响。

流行歌手 B.J. 托马斯对话语的爆炸性负能量感同身受:

当你还只有 6 岁,你的爸爸第 100 次说:"你这个肮脏、没出息、没用的废物,给我滚蛋!"你就相信了。你会对自己说:"唉,我是一个肮脏的废物,我爸爸想要我滚蛋。"这给我一种特别糟糕的负面感受。我的偶像、我的父亲,他不喜欢我。②

对儿子来说是这样,对女儿来说情况更是如此。《父亲:形象和力量》(*Father: The Figure and the Force*)的作者克里斯

---

① [美]麦道卫,诺姆·韦克菲尔德:《父亲差异》,生命出版社1989年版,第13页。
② [美]保罗·刘易斯:《知名父亲》,第111页。

托弗·安德森（Christopher Anderson）特别指出，父亲的话可能造成很大的伤害：

> 显然，女孩子们最看重的就是父亲的看法。对大部分的小女孩来说，父亲不仅仅是母亲之后第一位需要取悦的人，而且是第一位外人。妈妈的爱在一定程度上是自动获得的，爸爸的爱却需要努力去赚取。有一个朋友，快40岁时身高1米78，体重只有59公斤，但她却觉得自己很胖。她爸爸经常叫她胖妞，以此获得一些虐待狂式的满足。当她试着努力用孩童时期的照片为父亲的这个叫法开脱时，照片却显示她从来都没有哪怕一丝丝的肥胖。不管她爸爸是出于何种理由嘲弄她，结果就是这个女人在中年时仍带着这个创伤，而且似乎永远也不可能愈合了。与此类似，有位27岁的学校老师从来不穿短袖上衣或裙子，只因为在她14岁时爸爸对她手臂上的雀斑说过一些贬低的话。"要是换作其他任何人，"她承认说，"我很可能第二天就忘了。"①

这显示出父亲口中说出的负面话语所造成的伤害不会只停留在儿童时期。幸运的是，正面话语的影响也不会止步于童年

---

① ［美］克里斯托弗·安德森《父亲：形象和力量》，华纳出版社1983年版，第75页。

时期。埃莉诺·罗斯福（Eleanor Roosevelt）的人生完美地演绎了一个研究结果，就是女人所取得的成就直接和父亲对她们的接纳相关。埃莉诺·罗斯福有一位非常可爱的父亲，他是她的自尊的唯一建造者。"他是我世界的中心，"她在自传中写道，"而我从不怀疑我在他心里永远排在第一位。"父亲在她9岁的时候就去世了，但是在他去世前，她答应父亲，她会成为一个可以让他骄傲的女人。当她76岁，完全实现了自己的承诺好多倍的时候，她写道："只要他还是我心里那个活生生的人，他就会……活在我心中并且继续影响我，而且永远是温柔、恩慈的影响。"

孩子们普遍都想要被父亲接纳。难道我们有时候不也是悄悄在想："不知道爸爸有没有鼓掌？"

> 我站在镜子前：一个15岁的女孩子，在热情地演绎一首歌。在那个青春的港湾，我的卧室里，我摆出一个不出风头的姿势——这是我每天的游戏——双肩往后挺，头发放到后面去，深情地开唱："我是最伟大的明星，但是迄今无人知。"
>
> 在这少女的背后，有一个微笑的听众。这一位，不像其他人，他能够欣赏我明星般的气质。在这里，在这宝贵的私密房间里，我在幻想中尽情遨游，并且在镜子前承认我渴望他的掌声。
>
> 尽管现在我已经长大了，有时候说到这件事，我

发现自己还是在想，比如，在每一章的结尾："爸爸，你在鼓掌吗？"①

所以爸爸们，我们前头还有很多的挑战。作为一个群体，我们在鼓励孩子拥有健康的自尊上做得很失败。我们应该听从斯宾塞·约翰逊（Spencer Johnson）在《一分钟的爸爸》一书中所引用的建议："我作为一个父亲的两大主要目标就是帮助我的孩子获得自尊和自制，并且按着这个顺序——先自尊，后自制——去实现。"②

建立自尊的行动步骤

爸爸们，现在又到公布好消息的时刻了。我们可以做许多事来建立孩子的自尊。许多都是很有趣，很有意思的事。我几乎可以保证，如果你开始将其中的一些付诸实践，就会在你的孩子身上看到很大的改变，还会有一个更加快乐、更加和睦的家庭。

我想在介绍单个的行动步骤之前，先简要地提一些青少年的话以及一些研究发现。有人提出了下面这个问题："你的父母做了哪些具体的事，让你对自己感觉非常好？"下面是一些青少年的回答：

---

① [美]爱丽丝·韦克曼:《父亲缺失》,道布尔迪出版社1984年版,第272—273页。
② [美]斯宾塞·约翰逊:《一分钟的爸爸》,威廉姆莫罗出版社1983年版,第69页。

无论我做什么，我爸妈都很支持。他们会和我讨论一些让我感觉迷茫和快乐的事。无论我做什么，他们都很鼓励我。在很多事情上，他们对我非常信任。他们会花时间陪我，会和我分享他们的生活和爱好。

我爸妈会从他们的日程安排中特别空出时间来陪我，满足我的需求。他们常常会说"我爱你""你很棒""我为你骄傲"。他们对我很敞开，如果我愿意的话，他们就会坐下来陪我聊聊。他们很信任我，给我很多自由做自己的事。

让我感觉最好的就是他们非常信任我。他们给我许多成熟的责任，然后全心全意地信任我。因为这种信任，我很爱他们。

不管我做什么，他们总是告诉我，他们为我骄傲。我一直学习不太好（我从来就不是一个好学生），但爸爸总是告诉我分数固然重要，与人的沟通交流更重要。我相信这一点。

他们让我感觉很棒的是和我一起祈祷。他们经常鼓励我，也经常告诉我他们爱我。

即使我失败了，他们也会恭喜我。他们努力使我开心。[1]

---

[1] ［美］乔·怀特：《家庭孤儿》，第144—145页。

下面两个研究结果使我觉得很奇妙。两者都研究了那些高自尊孩子的家庭，结果发现三个主要的特征，这三个特征基本上是一致的。斯坦利·库柏·史密斯（Stanley Cooper Smith）博士研究了1738个中产阶级家庭的男孩，发现：(1)高自尊的孩子明显在家里获得更多的爱和赞赏，孩子们知道自己是父母的骄傲，父母对自己很感兴趣；(2)他们的父母在管教方法上明显比一般家庭更严格；(3)家庭的主要特征是开放和民主，每个人都有发展个性的自由。①

　　另一个研究发现，自信的孩子的父母有三个特征：(1)他们对孩子非常温和与接纳；(2)他们提供清楚的引导；(3)他们对孩子的努力和创造非常尊重。②

　　现在让我们来看一些具体操练步骤。

步骤1：无条件爱你的孩子

　　我们在前面谈到过无条件的爱这一主题。我们需要再次把它们明确地和孩子的自尊心联系在一起。

　　齐格勒（Zig Ziglar）在他的畅销书《在负能量的世界中培养正能量的孩子》（*Raising Positive Kids in a Negative World*）中这样说："我已经得出结论，在成年人和孩子身上看到自我形象不佳的首要原因，就是缺乏无条件的父母之爱。这种来自父母

---

① ［美］杜布森：《让孩子自信过一生》，许惠君译，第92页。
② ［美］史蒂夫·法勒：《重要人物》，第219—220页。

的无条件的爱，几乎永远都是自我接纳的前提。"① 在《你和你孩子的自尊》（*You and Your Child's Self-Esteem*）一书中哈里斯（Harris）博士说，爱对于自尊来说是"无与伦比的重要"的两个基本要素之一。

现在，做好准备迎接一个弧圈球吧。我用了一整章的内容专门讲无条件的爱，刚刚又再次强调了一遍，之所以这样做，是因为我觉得我们做得远远不够。这就是经济学家所谓的必要而不充分条件。其中的困难就是，孩子们可能知道父母爱他们，但是却没有感觉到自己被父母欣赏、尊重以及完全接纳。"毕竟他们是我的父母，不得不爱我。但他们其实对我很不满意，并不以我为荣。"因为这种感觉很是普遍，所以步骤2就很关键了。

步骤2：对你的孩子极尽溢美之词

请拿好你的马克笔或其他用来做记号的东西，因为这一部分到处都是小窍门，帮助你把孩子变成冠军、赢家和乐观主义者——全部都是通过极尽溢美之词地夸奖他们、建造他们。

"没有什么比经常赞美更能建造你孩子自尊的了"——这是德波拉·菲利普斯博士在她的《如何给孩子好的自我形象》（*How to Give Your Child a Great Self-Image*）一书中的结论。她提到了各种赞美的方法：

---

① ［美］齐格勒：《在负能量的世界中培养正能量的孩子》，巴兰坦出版社1985版，第176页。

赞美他的努力。

赞美他做的小事。

赞美具体的行动。

赞美他在最弱的方面所取得的成就。

赞美他的进步。

在他最没想到的方面赞美他。

赞美孩子，只因为他是你的孩子。

下面是一些具体的方式。爸爸们，要在你孩子的外貌方面赞美她们，特别是对女儿（要记得，有59%的少女把外貌作为她们最想改变的东西）。马克·吐温（Mark Twain）说："我可以靠着一句真诚的赞美活两个月。"或者给你的孩子写一封信，写下你在他们身上看到的所有优点，以及你有多么骄傲可以做他们的爸爸。

许多人都谈到过如何成为一个喜爱赞美孩子的爸爸。斯宾塞·约翰逊博士说，当你发现孩子做了某件对的事，就给他们一分钟的赞美。这种一分钟赞美的基本元素是：告诉孩子他们做的具体是什么，告诉他们你多么高兴他们这样做，暂停一下让他们感受你的高兴，告诉他们你爱他们，并且用一个拥抱或轻轻的抚摸来结束这个赞美。约翰逊讲了一位爸爸的故事，他主要想分享的就是，他的孩子只有在做错事的时候才会得到爸爸的关注和拥抱。"当孩子表现好的时候，他却什么表示也没有。"这句话深深地震撼了我。《丹尼斯危机》（*Dannis the*

Menace)这部卡通电影也许最能表现这一点。丹尼斯坐在角落里,双眼噙着泪,说:"为什么我做了好事,却没有一个特别的地方可以坐呢?"

玛米·麦卡洛(Mamie McCullogh)谈到如何做一个好的发现者,而齐格勒鼓励我们在孩子身上去发现金子。齐格勒的这句话是从一个让他很有感触的卡内基故事中得来的,卡内基有一段时间曾经是美国最有钱的人。

一位记者问卡内基,他怎么能够让43个百万富翁来为他做事。卡内基回答说,这些人在开始为他工作的时候没有一个是百万富翁,但最终都成了百万富翁。

记者的下一个问题就是:"你怎么能把这些人培养得这么好,对你这么有用,以至于你需要付给他们这么多钱?"卡内基回答说,挖掘一个人就如同挖掘一块金子。当我们挖金子的时候,为了得到一盎司金子,需要清除掉好几吨的泥土。但人们去矿里不是去寻找泥土的——人们去那里是寻找金子。

这正是父母培养积极、成功的孩子的方法。不要去寻找缺点、瑕疵。寻找金子,而不是泥土。寻找好的方面,而不是坏的方面。寻找生活中积极的方面。就像其他的事一样,我们越在孩子身上寻找好的品质,就越会发现好的品质。[1]

---

[1] [美]齐格勒:《在负能量的世界中培养正能量的孩子》,第52页。

乔·怀特，美国最大的儿童运动夏令营之一的组织者，说过一段我特别喜欢的话：

> 在过去20年的时间里，我曾和成百上千的青少年一起相处、谈话，给他们建议，组织活动。我发现每一个人身上都有冠军的特质——只要孩子的父母意识到这一点，并且在孩子的心里找到这种金牌的血液。
> 所有成功的家庭都有相似点：发现冠军。①

冠军，或者斯宾塞·约翰逊所说的赢家，不仅可以被发现，甚至还可以被制造，至少是可以被极大地鼓励。约翰逊告诉我们一个故事，说明了他的原则：对孩子们来说，让他们相信自己是赢家的最好方法，就是让他们看到自己正在取得胜利：

> "最好的一个例子，"这位爸爸说，"就是这个完全真实的故事。有一位爸爸专门安排了一些事，就是为了让他的小儿子可以赢——不管他的孩子做得如何。"
> 年轻的爸爸笑着说："听起来好像这个小男孩会成为一个真正的赢家了！"
> "当然了！"这位一分钟爸爸回答说。

---

① [美]乔·怀特：《家庭孤儿》，第23页。

"这位爸爸怎么做的呢？"年轻的爸爸问道。

"他教儿子怎样打保龄球——就像许多爸爸所做的那样。但是，他和我们大部分人教孩子的方法不一样。"

"他让自动回球机按照常规摆法摆好了10个球瓶。然后，让他的朋友们吃惊的是，他又另外多摆了几个球瓶。他把这些放在边沟的尽头。"

"在边沟的尽头？"惊讶的爸爸问道，"你是说边沟？"

"是的。"老人回答说。

"当然我们都知道，若你的球掷得很不好，球就会滚到边沟中去，然后你就会得到零分——因为你错过了所有的球瓶。"

"所以他为什么要这么做？"年轻的爸爸问。

"我要问你一个问题。明知道这个小孩子只有4岁，才开始学习玩保龄球，你觉得他会把球丢到哪里？"

年轻的爸爸笑了："恐怕他会把球丢到边沟中去。"

"当然。而且我们大部分爸爸正好都会'恐怕'这个。"

"但这位爸爸根本不在乎他的儿子会把球丢到哪里。他总是把球瓶摆在球的前面。"

年轻的爸爸笑了："我很喜欢这个。"

"这不是很妙吗？不管这小子把球丢到哪里，他都是一个'赢家'！"

年轻的爸爸点头笑了。

"当这个小孩长大后,你猜他变成了什么——除了是个赢家之外,你猜他是做什么的?"

"职业保龄球手?"

"猜对了。一个非常成功的保龄球手!事实上,许多年后,当他赢的钱比其他球员都多之后,有人问他成功的关键。尼尔森·伯顿骄傲地谈起了他的爸爸。"

"我从来不记得我有投球不中的时候,"他说,"我有一位不寻常的爸爸。"①

当我的孩子还很小的时候,我为什么没有想到用这样的方法来让他们永远都做赢家呢?我承认,有时候当孩子在游戏中赢了我时,我感觉很难和他一起开心。

但生活不只有赢的时候。我们的孩子有时候会输,他们会失败。我们作为爸爸如何对待这些失败和输的时候,会对孩子的自尊产生深远的影响。

你会发怒、沮丧、生气吗?如果我们够诚实的话,就会想起说过的那些"你怎么回事?""你以前做得那么完美,为什么现在做不到了?""你怎么能干出这种事来?"所以给我们的挑战就是,尽量减少这种反应。我们应该在每次发生这种情况的时候找机会建造孩子。

---

① [美]斯宾塞·约翰逊:《一分钟的爸爸》,第79—80页。

听听巴特·坎波洛的故事。父母学习如何建造孩子，结果会多么让人激动。他是个年轻人，远离父母独自生活。他在第一份工作中遇到了许多打击："我在想我怎么才能坚持下去……我感觉自己已经完全失去了耐心，迷失在海里……一阵微风都会把我吹倒。"然后他在一封写给爸爸的信中写道："你和妈妈以及妹妹丽萨（Lisa）来看我了——"

你对我的态度，好像我还是刚离开家不久的那个很成功的人，而不是我那时自己所感觉的一个完全的失败者。我记得你比以前更常提到说："我们很为你感到骄傲。"并且一再向我保证，如果我在那里做得不顺心，可以回家为你工作，因为你总是需要一个像我这样的人。

最重要的是妈妈，她把一切都看在眼里，然后在你们离开之前，说了一番鼓励我的话，我永远都忘不了。

"巴特，"她说，"你不必一直待在这里，感觉很挫败。你是一个很聪明的人，也很有爱心。但我发现你变了，当你看着周围人的时候，不再把他们看作一个个独特的、被爱着的人，而是开始把他们看作是伤害你的环境的一部分。你变得自私了，这不像你。当然，如果你愿意的话可以回家。但在你这样做之前，我想你需要看看，上帝把你带到这里来是要你学习什么?他把你带到这里来,是要你来爱谁?来关心谁?也许不是每个人都会把你当作一个巨星。但是你爸爸和我,我们相信你,而且我们觉得如果你知道自己是谁,你就可以在这里做得更好。"

那次你们来看我,使得一切都不一样了。当然,环境并没有一夕之间就发生改变。你们离开以后,我还是面对着许多同样的问题。我还是有和之前一样的缺点(并且现在还有),但我的态度完全不同了。因为我知道,有时候即使我失败了,我还是有无限的价值。即使我不能解决一切问题,我还是有能力改变一点点身边的东西。你们提醒了我,给了我一份坚不可摧的个人价值感。①

重新建立他们的自尊,用这种方式来建造孩子,不是一件让人激动的事吗?关于这个故事,最让人受激励的是,这种机会永远都有,即便我们的孩子已经长大,离开家门,甚至远在他乡。

发现你的孩子做了什么正确的事,给他一分钟的赞美,寻找金子,发现冠军。鼓励赢家,建造他们。

爸爸们,如果你开始把其中的一些步骤付诸实施,你就会看见孩子身上的改变。持续做下去,坚持一段时间,你的孩子

---

① [美]托尼·坎波洛,巴特·坎波洛:《未开口的话》,第145页。

就会有一份很好的自尊,会对未来充满乐观。他们会有一种"在马粪中寻找小马"的生活哲学。

有一个古老的故事,说有两人兄弟——一个是忧郁的悲观主义者,另一个是开心的乐观主义者。某个圣诞节,他们的父母想看看能不能减少一点两兄弟之间的差别,所以他们给那个悲观的儿子买了一屋子最新、最好玩的玩具,却给那个乐观的儿子一谷仓的马粪。圣诞节早晨,第一个儿子看着玩具抱怨说,他真正想要的东西不在里面,玩了一小会儿就宣布这些玩具很"无聊"。父母去找第二个儿子,发现他在谷仓里面开心地挖马粪,热火朝天。他们问他为什么没有觉得很失望,为什么他那么开心。他回答说:"有这么多马粪,肯定什么地方有一只小马!"①

步骤3:教导孩子人最基本的价值来源

有些人相信人的价值来自造物主,并且所有人都非常宝贵。对于这样的爸爸们,下面这点就非常重要了,就是教导他们的孩子:他们身上有造物主特别的形象,这个事实就可以给他们无限的价值感。

---

① [美]詹姆斯·哈里斯:《你和你孩子的自尊》,卡罗尔和格拉夫出版社1989年版,第125页。

步骤4：对孩子的期望要现实

我强烈建议大家去读读《快车道父母的孩子》(*Children of Fast Track Parents*)这本书，是安德里·布鲁克斯(Andree Brooks)写的。我会简要地提一下他的主要观点，就是做那种快车道父母的孩子非常难，这些父母对孩子有着超乎常人的期望。造成的一个普遍后果就是，孩子变得过分害怕失败，有很严重的心理问题，长期表现不好，缺乏激情。在交友上的主要特征是竞争而不是合作。许多孩子不是想要效法父母的成功，而是害怕父母的失败。有一个男孩说，"我爸爸活得毫无乐趣。也许他是个大律师，赚了很多钱，但是我不想变得像他一样。我想经历不一样的东西。长大后，我宁愿过一种快乐的生活，不愿变成一个很重要的人。"布鲁克斯总结道："在我和这些孩子的谈话中，如果说有一个一直不断浮现的主题的话，那就是一种让人惊讶的隐隐的孤单——虽然他们生活很忙碌，但却感觉与同龄人隔绝，与父母也有隔阂。"

步骤5：帮助孩子找到补充性的技能

所有的父母和青少年，从某种程度上或许都有这种困扰——觉得自己很无能。驱除这种感觉的一种有效方式就是，帮助他们找到一个补充性的技能，某种他们所擅长的东西。可以是音乐、艺术、体育、学生会、学习成绩、黑板报……任何东西。它可以让他们说："我可能在这方面不是很好，但我在那方面还不赖。"

在我们家,卡罗尔和我在基拉4岁的时候,就发现她可能在跳舞上比较有天赋。当她进入五年级的时候——那时她的双胞胎姐姐被选拔进了另一个学校的一个非常优秀的项目,要转去新学校了——我们就把基拉送到一个最好的芭蕾舞学校去。一年以后,学校的主管告诉我们,应该考虑让基拉成为一个职业舞者。最重要的是,基拉非常喜欢芭蕾舞和爵士乐。她的天赋在合适的时间里如花绽放。

作为父母,你需要时时刻刻寻找每一个孩子的潜在技能。当你发现的时候,就该鼓励他在这方面的发展。

步骤6:帮助孩子预备好面对无能危机

很多时候,青少年们都会认为自己是唯一感觉"不合群"、毫无用处的人。作为爸爸,我们可以帮助孩子。就是在他们10岁或11岁的时候,和他们坐下来谈谈,告诉他们前面有一个阶段,他们不仅要面临着身体上的许多变化,也会有很强烈的感情变化。一点点的知识就会有很大的帮助。而且你也可以抓住机会,在谈话中看着他们的眼睛说:"我爱你——我会一直在你身边陪着你。"

步骤7:在你家预备具体的建立自尊的活动

我已经找到了一系列帮助孩子建立自尊的活动,都是其他人试验过,证明很成功的。下面是其中一部分,供你参考:

- 在他生日时，为他种一棵树。
- 在你家墙上画一幅很大的树形图，然后每当某个家庭成员展示出一种不同寻常的责任感，或者做了一件好事时，就加上一片树叶，写明是什么事。
- 预备一个家庭成员的红板公告。弄一块红板，上面写着"今天你是特别的"（可以在礼品店中买到）。然后用它来庆祝某个家庭成员的特别胜利，赞扬某件事做得好，或者说"今天你是特别的"。
- 用藏头诗来赞美孩子。或者让家里每一个人都以孩子名字中的某个字作为首字，说一个赞美性的形容词。
- 每年有一个正式的"家庭颁奖"之夜。每个人都要正装打扮，布置好舞台。然后给每一个家庭成员都颁一份上一年度很好地完成某件事的奖（当然了，获奖者的致谢词必须简短）。
- 每周一次在晚饭后传递鼓励蜡烛。在晚餐结束后点一支蜡烛，传给一个孩子，说出他的名字，然后说一点关于他的特别的事情，然后每个人都轮流肯定他。这样轮流传递蜡烛，直到每个人都得到了肯定。
- 制作一本家庭动力笔记本。在每次家庭会议开始前，用几分钟的时间，让每一个家庭成员听到其他家庭成员的赞美，并且说下那一周获得的新动力。每个人可以拥有一本个人动力笔记本，或者父亲可以保留一本家庭笔记本，用来时不时地复习。

要点回顾

◆ 良好的自我形象是孩子手中最重要的一个工具，帮助他很好地应对日常生活中出现的问题、突发情况和关系危机。自我形象对于孩子非常重要，直接影响到他们如何去学习、拼搏、工作、社交，以及去爱和被爱。自我形象是你的孩子如何对待自己以及如何被别人对待的关键。

◆ 你使我对自己有完全的自信。这比其他任何东西都更能改变我的生活。

◆ 在大部分 12 岁到 20 岁的孩子身上都弥漫着一种极度的失望，对他们是谁、代表着什么感到失望。

◆ 我们需要给出 4 个正面评价才能消除 1 个负面评价，但我们给出 10 个负面评价时才给 1 个正面评价。

◆ 文化中对外表和智力的强调，也会摧毁孩子的自尊。

◆ 青少年提到的 5 个最重要的、建立他们自我形象的因素，其中两个是"和父亲的亲密关系"以及"和父亲有很多时间在一起"。

◆ 父亲的话可以摧毁孩子，也可以建造他们。

◆ 建立孩子自尊的两个关键步骤是无条件地爱孩子以及尽情地赞美孩子。

◆ 发现你的孩子做了什么正确的事。给他一分钟的赞美。寻找金子。发现冠军。鼓励赢家。希望最终你和他会"在马粪中寻找小马。"

◆ 其他的行动步骤包括：教导你的孩子一个人的基本价值来自造物主；对孩子有切合实际的期望；帮助孩子找到补充性的技能；帮助孩子预备好面对无能危机；练习在家中培养自尊的活动。

第九章 创造性地沟通

当你的孩子说"我不想谈这件事"时,不要当真。有时候我爸妈问我过得怎么样,我也会这样对他们说,但实际上我心里并不是这样想的。我其实很希望他们能态度坚定一点,帮助我开口谈谈这些事。

——格雷格·斯莫利

也许《铁窗喋血》(*Cool Hand Luke*)这部电影里的一个角色说得最清楚:"我们之间的沟通出现了问题。"

沟通——确切地说是缺乏沟通——是许多父子之间产生矛盾的根本原因。这也是在相处中让人感觉最压抑的时刻。

但这并不意味着事情就无可挽回了。作为一个父亲,我们决不能允许事情发展到这个地步。沟通太重要了,我们决不能放弃努力。

我想你心里肯定不会太在意。特别是如果你刚好有一个十来岁、刚刚进入青春期的孩子的话。你可能会想:"说得好听!

道理是不错,但如果孩子不想和你谈,能怎么办呢?如果他们不想谈,就随他们去吧!"

这恰恰是为什么在本章开头我要引用格雷格那句话。那个青春期男孩告诉我们说:"当你的孩子说'我不想谈这件事'时,不要当真。"他并不是一个特例。

有一项针对青少年和父母之间沟通现状的调查,调查结果让人深思。在调查中,他们问孩子们一个问题:"如果你在生活中遇到了很大的问题,你希望可以找谁帮忙,或者听到谁的意见呢?"结果显示,在这种情况下,孩子们普遍希望能够去和父母讨论。[①]

对比青少年的渴望,父亲和孩子沟通的现实却是:

◆ 只有 4% 的女孩子觉得当她们遇到大问题时,可以去找爸爸聊聊。
◆ 当问青少年们,如果他们遇到了很大的压力会去找谁求助时,爸爸排在名单中的第 48 位。

探索研究所(Search Institute)的研究结果印证了这两个数据所反映的问题确实存在。他们询问年轻人:"你认为谁会认真听你倾诉,关心你的难处?"大部分的回答是这样的:

[①] [美]史蒂芬·格林,珍妮·尼尔森:《在自我放纵的世界中培养自立的孩子》,普利马出版社 1988 年版,第 208 页。

> 不管我想不想去找我的父母求助,实际上我都没法去找他们。他们已经觉得我很笨,很没有用了,好像我一直都让他们很失望似的。只有我的朋友会认真听我说,认真对待我的困难,所以我会去找他们聊——虽然我知道他们实际上也不比我多懂多少。①

现在我要再引用两个孩子的话,来说明父子之间的沟通会产生多么大的影响:

> 我爸爸很少和我一起玩。他不像有的爸爸那样,是孩子的"好兄弟"。但他有一个方法,总是可以让我开口(或是听他说话)。这种方法一直到我二十多岁时还很奏效。每天晚上我们都会走一两个街区,到本地一家冰激凌店去买冰激凌,一年到头都是这样。这在我成长教育过程中是一个很重要的部分。有时候我们什么都没聊,有时候我们一路上都在辩论——辩论爸爸那个时代的学校教育是不是比我们现在的好,或者我们家里的那些英国传统做法是不是还有必要继续,等等。不管在什么时候,我们之间一直都保持沟通,这点很重要。这种友好的关系很可能也和另一个事实有关,就是虽然我也很叛逆,但是我从来都没有拒绝

---

① [美]史蒂芬·格林,珍妮·尼尔森:《在自我放纵的世界中培养自立的孩子》,普利马出版社1988年版,第208页。

和爸爸沟通（即使有时候我对他讲话的口气很不好）。直到我长大以后，有了自己的家，我们还是一直做朋友，一直到他离世。①

——罗伯特·H. 贝里斯（Robert H. Baylis）

这不是说我多么想念爸爸，我没有。我从来都没有真正了解过他，所以也不存在想念不想念一说。我真正怀念的是那些失去的机会——其实我们本来是可以一起分享很多事情，一起做很多事情的。有时候看着别的爸爸和孩子们在一起，就会感觉莫名的伤心——我多么盼望自己曾和爸爸做过同样的事啊。

我多么希望可以多和爸爸在一起，可以一起去打打保龄球、钓钓鱼，或是一起去看场电影。我多么希望和他坐在一起聊聊天。我从来都没有真正向爸爸吐露过自己内心的秘密。我们从来都没有聊过关于女孩子、约会、爱情、人生或性之类的话题，实际上我们基本没有坐下来聊过任何东西。无论是在公司还是在家里，爸爸从来都是一个商人。他从来都没空理我。

我也从来都没有和他争吵过。我从来都没有问过他有什么意见，他对我的生活好像毫无影响——至少，

---

① [美]弗吉尼娅：《他们做对了什么》，第240页。

曾经我是这样认为的。现在我发现,我变得和我爸爸一模一样。

现在要改变我们曾经的一切为时已晚。他11年前就去世了。我希望能够告诉他:我很难过,我爱他。无论如何,他是我爸爸。①

——懊悔的,理查德

需要记住的主要原则

我们已经从孩子的话中看到了沟通是多么重要,现在来看看专家的观点。专家们做了许多关于沟通模式和沟通技巧的第一手研究,下面会介绍一些研究心得。

保罗·图尼耶(Paul Tournier),著名的瑞士心理学家,很好地说出了孩子们渴望和父母沟通的心情:

> 人都需要被倾听,被认真对待,被理解,这点无论怎么强调都不够。如果没有他人的理解,人就无法在这个世界自由成长,充实生活。听听这个世界的对话吧,无论是国家之间的对话还是夫妻之间的对话,大部分都好像是聋子之间的对话。②

---

① [美]查尔斯·威廉姆斯:《永远为父,永远为子》,第168—169页。
② [美]蒂姆·汉塞尔:《孩子最需要从父亲那里得到什么》,雷维尔出版社1984年版,第167页。

图尼耶的话里隐含的意思就是，好的沟通对于孩子自尊心的健康发展是非常重要的。如果你希望孩子有健康的自尊心，那么就要让他们知道，他们的感觉、想法和经历都很重要。如果你想知道自尊心和良好的沟通之间有什么关系，就请想想反面的例子会带来怎样的后果吧。如果你不认真去倾听孩子的感觉、想法和经历，基本上就是在表达一种态度：我不怎么在乎你。就是这么简单。就是这么明显。

好的沟通带来健康的自尊，也促进品格建造。

"我们在孩子身上能施加多大的正面影响，这取决于我们使用怎样的沟通模式。"这是乔希·麦道卫的观点。他要强调的点很明显：如果你想要帮助孩子们养成良好的品格，你就需要和他们建立良好的沟通模式。

为什么需要良好的沟通，我们已经说得够多了。让我们进一步谈谈如何与孩子建立良好的沟通。

从某个方面来说，这最终取决于三个主要的因素：倾听、询问和分享。但是，进一步详细考察这三个成功因素前，我要先讲一些在与孩子们进行有效沟通时，需要牢牢记住的一般性原则。

原则 1：如果这种沟通方式目前效果不佳，就换一种

很简单的道理，但这也是为什么我们要把它放在开头。许多爸爸，虽然他不会让一个汽车零件或家用电器坏在那里不管不问，却会好几个月，甚至好几年时间都守着一种无效、不通畅的沟通方式，一成不变。

我真正想说的是，委身是前提。建立良好的沟通模式需要花费精力、时间和耐心——这常常是大家所缺乏的东西。如果你想要取得任何成功，就必须在开始前就下定决心委身。

原则 2：让孩子知道你很在乎他

如果父母对孩子并不真的在乎，孩子们会很敏锐地感觉到。无论什么时候他们感觉到这一点，他们都不会说出来。如果父母对他们经常表现出不在乎，他们就会干脆默默地远离你。

有三种基本的沟通方式，可以表明你很在乎他们，那就是倾听、询问和分享。这些是积极的方面。另外一个需要避免的消极方面就是，不要大声吼他们或是很教条地说教。这些都是已经被证明完全无效的沟通方式，但是很多人往往还在用，就像父亲节那天流行的一句话："爸爸，要是没有你……我就必须自己说教自己了。" 13岁的萨拉（Sarah）描述最不喜欢和爸爸妈妈在一起的时间时，表达了大部分青少年的感受：

首先，我爸妈很爱大喊大叫。接着就是那一套"我们简直太失望了……"然后就是"我对父母从来都不会这样"之类的说教。最后，即使他们意识到自己说得多么可笑，也从来不收回说出的话。①

原则3：用孩子的眼光来看生活

问问自己，如果你是个小女孩，刚刚和最好的朋友闹了别扭；或者你是个男孩子，在比赛选队友的时候总是最后一个被选中，你对生活的感受如何？试着进入孩子的世界，你就能更加理解他们。他们也会感受到这一点。不知不觉间，他们就会开始和真正想要理解他们的爸爸分享许多事情了。

原则4：好的沟通需要时间

有时候需要花很长的时间才能有一个比较好的沟通。比如当你13岁的儿子很伤心地想要找你谈谈，为什么女孩子们对他不感兴趣；或者7岁的女儿想要知道，为什么她最好的朋友会为了詹妮弗而抛弃她，这个谈话肯定不只需要几分钟而已。或者你可能有很长一段时间都没从某个孩子那里听到任何事情了——所谓的"奇怪的沉默"。那可能就需要一次"一小时的早餐或午餐"才能使你和他们重新建立沟通。

幸运的是，在很短的时间里也可能有很好的沟通。有时候

---

① [美]雷伊·瓜伦迪：《回归家庭》，第103页。

很多沟通可能只要5分钟甚至1分钟就行,并且效果还非常好。如果你愿意和孩子沟通,打开心扉花上1分钟时间,听听孩子的"爸爸,听我说……"或"爸爸,你怎么看……"那么,在接下来10分钟的谈话中,你就可以给孩子许多指导。

原则5:寻找沟通的好时机

什么时候应该去倾听或跟孩子谈话,这点和怎样倾听、怎样谈话一样重要。有好的沟通时间,也有不好的沟通时间。不好的时间是指你或者孩子正在气头上,或者感觉很疲惫的时候。好的沟通时间就是孩子想要沟通的那一刻。因为大部分的孩子几分钟之后就会失去沟通的兴趣了。吃饭的时候是很好的家庭讨论时间,睡觉的时候对于小一点的孩子来说是很好的沟通时间。你送孩子上学时,以及接他们回家时说些鼓励性的话,会给孩子的一天带来积极的影响。

雷娅·查希克(Rhea Zahick)是沟通性桌游(Ungame)的发明者。她曾经好几个月都无法和家人们说话。在那段恐惧和内省的时间里,她学到了五个真实沟通的秘密:(1)倾听——只是倾听;(2)不要批评或论断;(3)敞开心扉地说话;(4)不要理所当然地假设你知道别人的想法或感受;(5)表现出你的爱。

请好好感受一下下面这个家庭故事。在里面,所有这些沟通的关键点都以一种非常自然的方式融合在一起了:

在家里，我们没有具体的什么可以做、什么不可以做的规定，但是却有一些原则，可以用来指导我们在遇见具体事情时，如何去决定什么可以做、什么不可以做。这些原则主要都是在每天大量的、非正式的谈话中确定下来的。全家每天都有许多在一起聊天的机会。很小的时候，我们会争着要坐在爸爸的腿上，然后爸爸妈妈会一边喝咖啡，一边告诉我们那天发生的一些事情。爸爸是一名木匠，他下班回来后，这个咖啡桌边的谈话就是首要大事。这个传统被保留了下来，后来当我们上小学、初中的时候，每次从学校一回来，第一件事就是去和妈妈聊天。上高中以后，对我们这些大一点的孩子来说，这就成了我们的咖啡时间，有时候这会一直持续到吃晚饭的时候。

然后吃晚饭的时候也会继续边吃边聊。晚饭会吃很久。一顿饭下来，我们对每个人的想法都有了很多的了解。这种谈话完全不是那种正式的学术讨论式的谈话（虽然那种谈话也有发生的可能），更多是一种非常随意的状态，想到什么就可以说什么，即使最小的孩子都可以插嘴。很吵闹是吧？确实是这样。但是对我们来说，这是一个很重要的经历。因为这个时候我们可以听大人说话，大人也会听我们说话。

我们长大一点以后，常常也会在小一点的孩子们睡觉之后一起喝咖啡。这时候，可以看看父母对我们的想法会有怎样的反应。也可以听他们说说他们对十点钟新闻里所说的那些世界大事有何高见——更重要的是，他们对"我们年轻人世界"里的那些大事件有何高见。

聊天的时间也不只有这些。我们也在洗碗、打扫地下室或是野餐的时候大聊特聊。如果我们中间有人在某件事上需要听听大家的建议，就可以很随意地提起那个话题，爸爸妈妈甚至可能都不会注意到，这实际上是我们私下特别关注的事。

通过聊天，我们知道了什么事情对父母来说很重要，他们的生活原则是什么。完全不需要专门坐下来，听一场"生命中最重要的事情是什么"的说教。我们也是通过这种方式知道了各种决定是如何做出的，各种惩罚是如何决定的。因为各个原则都是在一种具体的背景中给出的，这可以帮助我们更好地记住这些原则，比需要死记硬背各种规定，却无法看到它们具体如何起作用要好。[1]

---

[1] ［美］弗吉尼娅·赫恩：《他们做对了什么》，第68—69页。

倾听

在我读过的几千句关于倾听的话中,有两句讲到为什么倾听如此宝贵,让我印象很深刻。"如果你在他们很小的时候倾听他们,他们就会告诉你那些重要的事情。如果你现在不倾听他们,就可能永远也不知道那些真正重要的事情,因为他们不会告诉你。"这是一个基本的投资原则——如果你想要将来的回报,就需要现在投资。

这个常识性的真理在实践中又没得到很好的遵从。根据一项估计,在父母和孩子的谈话中,平均90%的时间都是父母在说,孩子说话的时间只有10%。我们不一定需要把这个比例完全倒过来,但至少孩子说话的时间要占大头,这一点是没错的。父母需要少指挥,少批评,少上纲上线,多倾听,多理解。

作为爸爸,我们要小心,不要太过急躁,想要跳进去给答案,"搞定"问题。

我们需要倾听孩子的感受。

我着重强调这一点,因为这很重要,并且对我们许多人来说也很困难。我们常常倾向于太想知道孩子想说什么,反而没有去听孩子在说什么。我们错过了孩子话语背后的感受。这时候,我们就没有机会去处理孩子的情绪,而这常常是真正需要立即处理的问题。

你需要理解孩子真正要说的是什么。有时候你不一定需要接受他所说的内容，但却必须接受孩子的感受。就像托马斯·戈登（Thomas Gordon）所说的——他创造了著名的父母有效训练项目——要让你的孩子"能够坦然表达自己的感受"。当孩子说"我恨你"或"我恨妹妹"时，你要保持冷静，保持沉默，而不是严厉地说"不许胡说"，或是辩驳他"真的吗？你成心这样说的吗？"

只要善于倾听，你就可以做孩子的首席聆听官，帮助他们处理他们的想法和感受。倾听是一种很有效地表达你理解他们的方式。

孩子们只是在寻找这些基本的东西：先倾听，后说话。他们并不在乎那些字斟句酌的问题，或是这个过程中应该有多少个"嗯嗯"来表示你完全同意。他们想要你听他们说完。

就像帕特——她是两个少女的妈妈——说的那样："我有种说教的倾向。孩子们告诉我，有时候我只需要倾听。她们知道我不可能保护她们不遇到任何不愉快的事，而且有时候我也需要给她们一些犯错误的自由。"要记住，在倾听的同时，你就已经在学习并且改善自己做父母的技巧了。

也许用埃里克·霍弗（Eric Hoffer）的话来结束本小节是最好不过的了。他是旧金山码头工人、哲学家和作家。他在7岁的时候突然失明了，而在15岁时视力又突然恢复。他解释说，在那8年时间里，一个照顾他的巴伐利亚农妇使他明白了倾听的力量：

这个女人一定很爱我,因为在我记忆中,失明的那8年是一段快乐的时间。我记得我们常常聊天、开怀大笑。我一定说了很多,因为玛莎常常说:"我记得你说过……你记得你说过那个吧……"她记得我说过的一切话。我这辈子一直都觉得我的想法、我所说的话是值得被人记住的,就是她给了我这一点自信。①

询问

倾听非常好,而且倾听也是前提。但有时候你应该主动一点,主动询问。询问,如果时机正确的话,就能一石三鸟:可以借此向孩子表达你的关心;可以帮助你更好地了解他们;最后,如果问得恰当的话,可以帮助你直截了当地找到问题的根源(对青少年尤其如此)。

你手头应该随时准备一些有趣的问题:
- 你最喜欢的书或电影是什么?
- 你最珍惜的东西是什么?
- 你最大的梦想是什么?
- 如果你可以去任何地方,你要去哪里?为什么?
- 如果我们家起火了,你要带什么东西出来?

---

① [美]蒂姆·汉塞尔:《孩子最需要从父亲那里得到什么》,第74页。

- ◆ 你最佩服的三位英雄是谁?
- ◆ 你玩得最开心的一次是什么时候?
- ◆ 如果你中了一百万,你想要干什么?

也要准备些更深一点的问题,来帮助你更好地了解孩子,看看他真正在想什么,他内心深处对别人的看法如何。

- ◆ 什么事会让你生气?
- ◆ 什么事会让你尴尬?为什么?
- ◆ 你哭得最伤心的一次是什么时候?
- ◆ 如果你可以做三件改变世界的大事,你要做什么?
- ◆ 你真正感恩的五件事是什么?
- ◆ 你最大的恐惧是什么?
- ◆ 关于学校里的朋友,你最烦恼的三件事是什么?
- ◆ 什么东西能给你带来最大的喜乐?

如果你很勇敢,或者你的自尊油箱很满的时候,你可以冒险问问:

- ◆ 爸爸妈妈做的什么事让你感觉有点拖你后腿?
- ◆ 我们做的什么事最让你烦恼?
- ◆ 我对你的教养方式中,你最喜欢哪一点?妈妈对你的教养方式中,你最喜欢哪一点?
- ◆ 你最希望我做什么?

这些问题应该什么时候问呢？第一组问题在任何时候、任何地点都可以问。两个特别适合问的地方就是家庭晚餐桌上和汽车里。全家人都会很享受，并且可以从每个人的回答中对他有更多的了解。也许孩子们会想反过来问你和妈妈同样的问题——或者他们想出来的新问题。

如果你觉得孩子足够成熟，可以尊重彼此地交谈，第二组问题也可以在同样的场景下问。如果不行的话，就留到一对一的时候，当你带其中某个孩子出去吃早饭或午饭时，或者你开车带着某个孩子，路上估计有15到20分钟的时候。孩子必须对这些问题能够敞开心扉。你要寻求的是沟通，而不是拷问。

在孩子们遇到困难的时候——有时候孩子来找我们，是因为遇到了大问题，或者感觉很受伤——问一些问题可能也会很有帮助。我想最好的建议是来自大卫·斯通（David Stone）。乔·怀特在他《家里的孤儿》（Orphans at Home）一书中记下了大卫·斯通的"三问法"。怀特曾经和成千上万的青少年打过交道，他评价这个方法"效果非常惊人，特别是用在青少年身上。当看到这个方法在那些迷茫的青少年中产生了积极作用时，我简直惊掉下巴。如果我只可以鼓励父母们学习并且充分应用一种沟通技巧的话，就是这个了"。[1]

---

[1] [美]乔·怀特：《家庭孤儿》，第87页。

乔·怀特建议,首先告诉孩子你只问三个问题,但你会把每个问题都重复问几次,每次他们都要用不同的语言来回答。乔也为你定下了三个基本原则:你必须营造一种"理解、同情的气氛";不能急于得出结论,给出不成熟的建议;不能谴责或批评他。

现在我要告诉你这三个问题是什么。第一个是"怎么了"或"你想要什么"。第二个是"你感觉怎么样",目的是要发现孩子心里在想什么。有时候可能需要加一个"追问"才能弄清楚,比如:"你感觉怎么样?""我觉得很伤心。""为什么事伤心?"第三个问题是"你怎么处理那个问题"或"你准备怎么办"。问完三个问题之后,重新来一遍,剥去表象,找出真正的问题。

讲讲你自己

要去倾听。"好吧,我会努力坐下,闭嘴听几分钟。"要问孩子问题。"当然,多了解一点我的孩子在想什么,一定很有意思。"要讲讲我自己。"等等,这可能有点过了吧。我甚至和妻子都不怎么讲我的想法,更不要说孩子了。"

正因如此!大部分的美国男人都不怎么爱说话——至少不怎么爱谈自己,不爱谈自己的想法和感受。我常常听到我妈说:"你爸都不怎么和我说话。"许多妻子也说:"我丈夫根本不告诉我他到底在想什么。"我的男性朋友声称:"你知道的,我从来没有和任何人这样讲过。"

不知为何，男人总以自己坚忍的沉默而自豪——以我们能够把一切都闷在肚子里而骄傲。这实际上却剥夺了我们自己和妻子儿女健康地交流思想和感受的机会。许多人都变得毫无感受了。我们剥夺了自己享受完全的人性的权利。

让我们面对现实吧。如果我们继续这样的话，当我们的孩子长大后，就会用下面这些话来表达他们的想法：

> 像许多男人一样，我爸爸从来都没有告诉过我他的失望、盼望或是恐惧。当我到了中年以后，我突然意识到在爸爸的生活中有一个很重要的方面，是我一无所知的。若我童年和少年时与爸爸在情感上亲密过，肯定会对我自己做爸爸有无限帮助。①

你会说："好吧，好吧，我会讲讲我自己。不过讲什么呢？"

可能只是谈谈你的工作。你是做什么工作的？工作的时候实际上是在做什么？工作上有没有什么让你感觉沮丧的事情？有哪些成功的经历？你有什么盼望？你在职业生涯中真正想做的是什么？

或者讲讲你关于本地、本国和世界大事的看法。让孩子们知道你在诸如医疗保险、艾滋病、堕胎、平权运动、同性恋、

---

① [美]麦道卫，诺姆·韦克菲尔德：《父亲差异》，第56页。

对外援助、降低教育预算支出、加税提议或政治运动的候选人等事情上的立场是怎样的。这种讨论有一个很好的作用，就是孩子们可能潜移默化中就接受了你的许多基本价值观。

当你沿着这个方向，开始越来越多地分享自己的时候，要准备好让孩子能感受到你的情绪。让他们知道你的挣扎、失望和恐惧。让他们知道你犯过的一些错误，以及从中学到的功课。当然，到底分享什么，分享到哪个层面，要取决于孩子的成熟程度。一般来说，我觉得 10 岁以下的孩子应该不要接触太多生活的阴暗面。对他们来说，知道"爸爸很想升职，但却没有成功，他感觉很难过"这个层面就够了，这有利于帮助他们知道并理解爸爸也有感情。

对于十来岁的青少年，至少是那些具有一定成熟程度的孩子，我会鼓励你分享一些更深的挣扎、错误和恐惧。1991 年，我在周日晚间的一些家庭聚会中这样做过。当时不知道接下来会发生什么，但结果让人非常愉快。我告诉孩子们（卡罗尔在私下的讨论中已经知道了），许多很有潜力的项目都没有成功，这意味着我们的财务状况非常紧张。我让他们知道我很失望，也很迷茫，不知道为什么这么多很有潜力的项目竟然会一个接一个地搁浅。但我也告诉他们"一切都会好起来的"——这是我的生活态度，我很高兴把它传给了我的孩子。但不能只是嘴上说说而已，而是要努力在他们面前活出来。

所以我们大家一起"恒久忍耐"。我们在几个方面都缩减了开支，然后一起盼望爸爸可以拿到一个或一组合适的项目。

猜猜结果如何？当我写这一章的时候，有一些很有意思的项目——这本书是个开始，就一起出现了，带我们进入了一个既有趣又有意义的时期。

通过在家人面前敞开自己，我教会了孩子们这些宝贵的人生功课：爸爸妈妈也有感情——他们会感觉难过；生活有时候会很难，或者就像我的孩子说的那样，"这就是不公平"；你可以和别人分享伤心的感受；家人应该彼此支持；困难都会过去；也许没有完全按照我们期望的时间，但我们的盼望得到了回应；要对自己所做的事有坚定的信念，在追求自己的梦想时要恒久忍耐。

也许最重要的是，它使我们的家庭分享时间变得非常真实，也使我们全家人都更紧密地团结在一起。我觉得这是我敞开自己心扉得到的一个很好的回报。

做一些开心的事

我想让你知道，创造性地和孩子沟通并不一定是一项沉重、疲累或麻烦的任务。开心地玩吧。把它当作一个更好地了解你最亲近、最珍爱的人的新机会。好好考虑一下这些有趣的建议。

给你的孩子留言或写信。这一点让我印象很深，因为今天我在我女儿那里读到了一些东西，她写道："我从来都没有收到过什么信。"一张表达感谢或祝贺的便条或卡片，或者一封表达你多么感恩，能有你的儿子或女儿这样的孩子的信，这些都会带来奇迹。

如果你出差在外,除了给妻子打电话,也可以给孩子一个特别的电话。告诉他们你现在正在做什么,这里的城市或旅馆怎么样,最重要的是,告诉他们"我想你""我回到家时最想看到你"。你的电话会让出差在孩子眼中显得不那么讨厌。

请记住,好的沟通——常常是最好的沟通,可以发生在一句话都不说的时候。对于有时候感觉自己拙口笨舌的人来说,这是个好消息。我们所说的话只占沟通的7%,38%的沟通是通过说话的语气来完成的,而55%的沟通是非语言性的,包括我们的肢体动作和情绪,所以要向孩子发出正面的非语言信息。记住,最有力量的沟通就是定期的拥抱或拍拍肩膀。这种喜爱的表现是所有孩子都很渴望得到的,也最容易被他们接收到。

要点回顾

- 沟通太重要了,决不能放弃沟通,不去修复关系。
- 当你的儿子或女儿告诉你说他们"不想谈"的时候,不要相信。
- "这种友好的关系,很可能也和另一个事实有关,就是虽然我也很叛逆,但我从来都没有拒绝和爸爸沟通。"
- "我们从来都没有聊过关于女孩子、约会、爱情、人生或性之类的话题,实际上我们基本没有坐下来聊过任何东西。无论是在公司还是在家里,爸爸从来都是一个商人。

他从来都没空理我……"
- 如果你希望孩子有健康的自尊,那么就让他们知道,他们的感觉、想法和经历都是很重要的。
- 如果你想要帮助孩子建立良好的品格,你就需要和他们建立良好的沟通。
- 如果这种沟通方式目前效果不佳,就换一种。
- 让你的孩子知道你很在乎他。
- 用孩子的眼光来看生活。
- 好的沟通需要花时间
- 寻找好的沟通时间。
- "如果你在他们很小的时候倾听他们,他们就会告诉你那些重要的事情。如果你现在不倾听他们,就可能永远也不知道那些真正重要的事情,因为他们不会告诉你。"
- 询问,如果时机正确的话,就能一石三鸟:可以借此向孩子表达你的关心;可以帮助你更好地了解他们;最后,如果问得恰当的话,可以帮助你直截了当地找到问题的根源。
- 分享你自己。

第十章　建设性地管教

> 当我管教孩子的时候，我想让他们觉得自己的淘气行为很坏，而不是觉得自己很坏。
>
> ——斯宾塞·约翰逊

最开始计划写管教这章时（因为我知道必须要有一章来写管教），我非常害怕。首先我怀疑自己没有能力写好这个重要又很有争议的主题；其次，管教这个词给人感觉似乎很负面，和做爸爸的喜乐似乎相距十万八千里。你看到了吧，我已经陷入了困扰许多父母的那个陷阱，就是认为管教就意味着惩罚，立家规，让孩子"表现好一点，否则滚蛋"的观念。我是带着这种印象长大的，显然在我大部分的成年时光里还保留着这种印象，有点像是军士教练员对管教的看法。

但现在我却很兴奋。因为通过阅读，以及从自己的经历中反思，我现在对管教的看法已经完全改变了。想想看，我在这个人生阶段，终于发现了管教的积极的含义、基本目标，以及最有效的管教方式，这多么让人激动——而且还正好用得着。

如果你对管教也有那些刻板的印象，我希望我在本章所要分享的观点，也能让你激动并感觉有用。

一个新的视角

"管教"这个词是从拉丁文中来的，意思就是"教导"。因为我喜欢教别人，所以教导这个概念让我很激动——作为爸爸，我在管教上的首要职责就是教导他们。教导他们什么？我们这些爸爸应该教孩子一些处世原则和价值观，帮助他们建立一种内在的导航系统，让他们可以自己负责任地生活。一句话，我们管教孩子，是为了让他们可以自我约束。

管教有第二层的意思。因为管教就是"带领一个门徒"，所以管教也包含着领导。管教就是带领，带领就是做榜样。我们在接下来的一节中会看到一个带领者需要什么——"避免行为不端"。

管教孩子就是教导并带领他们。这难道不是一个更加积极的角度吗？它变成了某种值得期待的积极的挑战，而不是一个消极的责任。

管教的第三个更加不寻常的含义就是去爱。所罗门，最有智慧的以色列王，可能是第一个把管教和爱联系起来的人。他在箴言中说："不忍用杖打儿子的，是恨恶他。疼爱儿子的，随时管教。"我喜欢查克·斯温道尔（Chuck Swindoll）在《刚强的一家》（*The Strong Family*）中所说的话："管教不会让孩子质疑你的爱，反而会让他们肯定你的爱。"他继续指出：无数的测试已经证明,那些被深爱着,同时又受到很好管教的孩子,比在没有管教的环境中长大的孩子更加健康、成熟,长大以后更有成就与安全感。好的管教能够建立孩子的内在力量,给他们健康的自尊。

现在我们知道了这个好消息,管教就是教导、带领和爱。

那么孩子们的态度呢?他们肯定不会这么正面地看待管教的。如果他们抵制管教,那么就不能取得好的效果。这听起来很有逻辑,但幸运的是,对孩子们的这种看法是错误的。孩子们在这个方面比我们想象得更加聪明。因为他们心里知道,能够进行正面管教的父母——这对他们而言,意味着管教要公平而有智慧——就是真正关心他们、爱他们的父母。一位青少年简洁地表达了这一点:

> 为什么我妈妈从来不说"你不能去那里",而总是说"你自己决定"?这让我很害怕,也很孤单。如果她真的爱我,就不会总是放任我随心所欲地做自己想做的事。

这是一个要求父母们承担起自己的带领责任的呼声。
很讽刺的社会现实是:孩子们想要得到管教,但父母们却很害怕去管教孩子，或者没有时间去管教孩子。《时代》杂志刊载过美国最著名的两位儿科医师——哈佛的布雷·泽尔顿（T. Berry Brazelton）和本杰明·斯波克的话，他们担心，特别是父母都在职场工作的家庭，会存在一种"管教的缺失"。斯波克观察到："父母不愿意把他们和孩子仅有的一点点共处时间花在谴责他们上。"他也在《斯波克父母经》（*Dr. Spock on Parenting*）一书中指出，大部分参加营会的年轻妈妈很快就变得非常焦虑，因为爸爸们非常不愿意参与到孩子的管教中。斯波克得出结论说："我一直都知道有一些爸爸会避免参与管教孩子。但是，当我们小组中大部分的妈妈都开始愤愤不平地指责丈夫的时候，我还是大吃一惊。"

所以，爸爸们，让我们不要再重蹈许多男人的覆辙了。让我们积极主动地做个管教者，这意味着成为导师和领导者，成为爱孩子的人。让我们怀着巨大的盼望去做，因为恰当的管教能够带来巨大的益处。正如箴言所说："管教你的儿子，他就使你得安息，也必使你心里喜乐。"

奇妙的是，三千年前这关于管教的智慧，今天也一直有人在经历。肯特·海斯（E. Kent Hayes）是青少年犯罪学家，曾经做过视察员，专门处理那些非常棘手的案子；他也是一个不良少年改造学校的负责人，全国门宁格青少年支持项目（National Menninger Youth Advocacy Project，这是美国一个全国性的项目，为问题儿童安排关怀家庭）的主管之一。他说："从过去的经验中我们发现，如果父母在家里设立合理的规矩，孩子会更快乐，更有安全感。有安全感的孩子不会像那些从来不知道有什么规矩、不知道接下来会发生什么事的孩子一样，做出出格的举动——离家出走、打架或抗拒权威。"①

如果所有这些管教孩子的理由都没有打动你，那么就记住这一点：是的，管教有时候很困难；但事实上，有一件事比管教更难，那就是和一个毫无教养的孩子住在一起。

防止不当行为

建设性的管教是以攻为守——通过主动减少孩子的不当行为来减少管教的必要性。这和环境治理中越来越强调的污染预防很像。预防污染的好处就是污染从源头上就没有真正产生出来。对公司来说，这就容易清理多了，成本也不会那么高。你越能预防不良行为的发生，管教的"清理"就会越简单，用神经紧张和精力消耗来衡量的清理成本也就越低。

我们将考察四种不同的进攻策略：(1)以身作则；(2)注意观察并肯定孩子的好行为；(3)建立公平且为双方理解的规则和界限；(4)把权利、自由与责任联系起来。

1. 以身作则

我们要从以身作则开始，因为本章开头讲到管教的定义就

---

① [美]肯特·海斯：《好家长，坏小孩？》，道布尔迪出版社1989年版，第51页。

是指导跟随者或学生。那么如何指导这些与我们同住的跟随者呢？布鲁诺·贝特尔海姆（Brono Bettelheim）博士表达得最好——他是我们这个时代最有名的儿童心理学家：

> 对大部分人来说，跟随者就意味着要爱导师，敬佩他，被他的人格、生命和教导所吸引，希望尽量向他学习。跟随者最深的愿望就是去效法导师，不仅仅是因为相信他的教导，也是因为彼此之间的爱。没有这样双向的爱，导师的教导和榜样虽然本身很有说服力，却永远都无法完全改变跟随者的生命和信念。
>
> 许许多多导师与跟随者之间的故事都可以成为证据，证明爱和尊敬能带来何等的改变，激励我们去遵从导师的价值观和思想，并且去效法他的行为。因此，教导、榜样和相互的爱结合在一起，也最能防止我们做出和导师的价值观相反的事情。顺着这个思路，那么向我们的孩子传递好的价值观，并帮助他们养成自制的习惯，最可靠的方法是什么，应该就很显而易见了。①

所以，首先我们要活出一种值得孩子效法的生活。要做到这一点，我们自己必须有清楚的价值观，并且必须活出来。约

---

① ［美］布鲁诺·贝特尔海姆：《足够好的父母》，克诺夫出版社1987版，第99页。

瑟夫·诺韦洛（Joseph Novello）博士说父母们在管教方面做得不对，原本也并不是指夫妻在孩子出生前一起花时间建立共同的价值观这件事。他一直认为，管教其实始于第一个孩子出生前——甚至可能是结婚前丈夫和妻子一起建立价值观的时候。每一个爸爸都应该可以站起来说："这些是我们的家庭价值观。"

瑞士有一项研究充分证明了拥有并活出自己价值观的重要性。研究发现，那些很有自制力，能够活出自己价值观的成年人，根本不需要向孩子做关于自制力的说教，他们也很少这样做。反之亦然——那些告诉孩子要自制，自己的生活却毫无节制的人，他们的说教很少能够见效。

这是基本的道理。如果你想要一个有自制力的孩子，你就要成为一个负责任、正直和节制的人——成为你所倡导的价值观的鲜活榜样。

没错。但是说得容易，做起来很难。我一直记得罗伯特·布莱所描述的那个含义丰富的画面，就是孩子从现在的爸爸们身上到底得到了什么。他谈到，以前的孩子可能需要忍受父亲的坏脾气，但也会得到父亲的教导。现在，当爸爸们在下午6点钟甚至8点钟，拖着疲惫的身体从办公室或工厂回到家里的时候，孩子们只会得到爸爸的坏脾气。爸爸很累，并且他很可能一天都不太好过。这是现实，也是一个好爸爸需要战胜的东西——如果我们想要建设性地管教孩子的话。

2. 注意孩子的好行为

注意、承认并且肯定孩子的好行为。这是个基本策略，但也常被人忽视。

所有的孩子，不管处在哪个年龄，都想要获得关注。他们对此非常渴望。为了寻求关注，甚至会故意做出许多淘气行为来。因此，我们很容易就可以理解，为什么关注和强化他们的好行为，就可以最小化他们的坏行为。

爸爸要注意并赞美孩子的好行为，来向孩子表达关注。这样，孩子们就会进一步努力用更多的好行为来获取我们更多的关注。这样，就可以在父子的行为互动中，很快建立起一种不断强化的好的循环：孩子会变得越来越有自信，并且愿意做正确的事情。

孩子会努力调整自己的表现，来获得最多的奖励。因此，奖励好的行为，就可以鼓励孩子表现得更好。

3. 建立公平的规则和界限

建立规则这个话题很大，但是我们需要理解并操练两点：第一点就是所有的家庭都需要一个被大家都充分理解的家规——一些界限，让孩子知道他们在哪个范围内可以安全自由地活动。第二点，乔希·麦道卫称为父母的"第一法则"，他们"想要成为孩子眼中的英雄"：

缺乏亲密的关系，管教会导致叛逆；有了亲密的关系，管教会带来负责任的品格。

有多少爸爸会说"我们家有许多非常清楚的家规，可孩子似乎在违反每一条规定"？为什么？因为100个家庭中有99个都缺少这种亲密的关系。麦道卫曾明确地说："孩子不会在乎一项规定，但他们会对爱做出回应。"

现在让我们回到第一点。

界限是给孩子的一份礼物。

许多研究都显示，孩子们需要可靠的界限，在健康的安全感和稳定感中长大。这种安全感和稳定感，反过来使他们能够放手去经历、成长，发挥自己的潜能。没有规则和界限，只会让孩子们觉得混乱和迷茫。所以，我们得出了这个看似自相矛盾的结论：严格而公平的规则给孩子自由。

20世纪70年代以来有一种流行的理论，认为孩子最懂规则，所以他们倡导孩子要放养，结果常常在家庭中带来无政府主义和混乱。当家庭制定规则并在爱的环境中实施时，孩子就会比那些毫无约束的孩子有更多的自由。我喜欢诺埃尔·斯图基（Noel Stookey）。他更为人知的名字是保罗，就是组成三人合唱乐队的彼得、保罗和玛丽的那个保罗。他表达过这样的想法："我们所理解的管教和自由的关系是，不给孩子任何限制其实对他并不好；给孩子适当的界限，他就会在那些界限里面自由飞翔。"①

在设立规则和界限时，需要平衡弹性和底线。对于不能妥协的底线，要坚持。在我们家，"不许撒谎"就是底线。孩子们想要知道，他们也有权知道每一个规则的制定理由。关于"不许撒谎"的规定，我从他们很小的时候就向他们解释，一个家庭最重要的特征就是家人可以彼此信任。一旦谎言发生，信任就被破坏了，并且很难修复。请记住林肯在他最后的公开演讲中所说的："重要的原则可以并且必须是坚决不可妥协的。"

但是作为爸爸，我们也需要有弹性——给我们的孩子一些恩典。杰伊·凯斯勒（Jay Kesler）在能说"好"的时候总是说"好"，所以当他有一些重要的事情必须说"不"时，也能够拉下脸来说"不"。我觉得这很有道理。这其实是另一种"抓大放小"的方式。

不错，建立规则和界限意味着学习坚定地说"不"——一个大家清楚理解并坚定贯彻的"不"。听起来也许不可想象，但孩子们会喜欢的。

> 我永远也忘不了自己十来岁的时候，曾向父母提出过一个疯狂的、异想天开的计划。我要和朋友比尔·弗伦奇骑着自行车穿过西雅图，然后乘轮渡穿过普吉特

---

① ［美］保罗·刘易斯：《知名父亲》，第65页。

湾（Puget Sound）。然后我们计划骑行13英里到豹湖（Panther Lake），在那里野营度周末。那时我才13岁，这对我来说是一场冒险。我父母仔细地听我说完，然后只是简单地说："不行。"我就走开了。比尔对我说："蒂姆，你都还没努力试就放弃了。来吧，我们回去重新向他们解释解释。如果我们再缠他们一下，我肯定他们会允许我们这么做的。"

我很确定并骄傲地对比尔说："你不懂。我们即使站在那里一直说到世界末日，答案永远都会是这样的。"

知道这一点，在我成长的过程中给我一种很大的安全感。我没法解释得很清楚，只是我希望自己能够把这种力量、坚定和安全感传递给我的孩子。①

"不"是一个很简单的词，却道出了一个最大的生活哲学：你不能（也不该）总是得到自己想要的东西。下面是布鲁斯·纳拉莫尔（Bruce Narramore）关于如何在主要问题上设立界限的八个指导：

- ◆ 意识到每个孩子都是不同的。
- ◆ 在做决定前和进入青春期的孩子讨论一下可能要限制的方面。

---

① [美]蒂姆·汉塞尔：《孩子最需要从父亲那里得到什么》，第140页。

- ◆ 区分绝对不可逾越的界限和你个人的偏好。
- ◆ 要有弹性。
- ◆ 把你自己的标准和周围其他父母的标准比较一下。
- ◆ 努力和孩子合作，共同制定规则。
- ◆ 随着年龄增长，要允许孩子有更多的自由和责任。
- ◆ 永远不要不加解释、毫无理由地设置一个规则。①

4. 权利和责任挂钩

防止不当行为的第四种方法就是，在孩子很小的时候就把权利和责任挂钩。我们生活的世界里没有免费午餐这回事，但很多的孩子都意识不到这一点。他们的世界观就是父母（以及其他人）是为他们服务，满足他们所有愿望的。他们相信可以不劳而获。

帮你的孩子一个忙，让权利和责任挂钩。让他们知道，个人的满足来源于设立或大或小、或长或短的目标，然后持之以恒地努力达到这些目标。能够教会他们这一宝贵功课的规定是："你需要……后，才可以……"例如："你需要收拾好自己的房间后，才可以去外面玩。"

分配孩子做一些家务是教导孩子责任和义务的最好的方式之一。

---

① ［美］布鲁斯·纳拉莫尔：《青春期不是病》，雷维尔出版社1980版，第67—68页。

通过实实在在地完成一些有用的工作，孩子们可以获得满足感，以及忍耐、勤勉的品格。用下面这种方式给孩子们分派适量家务，常常会增加他们的积极性："爸爸妈妈努力工作赚钱，供家里吃穿用度和消遣。这样做是因为我们爱你，珍惜这个家。非常感谢你通过完成我们交给你的这些任务，为这个家的幸福快乐贡献力量。你真的成了我们家的小帮手。谢谢。"

处理不当行为

家里不可能什么事都甜甜蜜蜜的，总有警钟敲响的那一刻——需要处理淘气行为的时候到了。努力操练上述四种预防性原则之后，我们就已经尽力了，但是孩子总是人，他们会淘气，会打破规矩。每当这时，他们就必须承担后果，我们则必须实施管教。

我们要如何去面对这种情况，如何进行管教呢？

根据我自己的经验，参考其他爸爸和专家的话，我发现在处理淘气行为时，应该遵从五个原则:(1)在乎，所以当面指出；(2)及早处理；(3)谴责行为而不是孩子；(4)不在情绪失控时管教；(5)前后一致。

1. 在乎，所以当面指出

这乍听起来似乎有点自相矛盾：关心一个人，怎么会舍得当面指责他呢？

但管教必须从这里开始。

不管在哪里，当孩子淘气时，你有五种可能的反应：(1)"别让我抓住你！"这是报复性的反应——我赢了，你输了，因为我是对的，你是错的。(2)"我不想待在这里了。"我感觉很不舒服，要避一避，因为我不想和你起冲突。(3)"我投降。"我妥协，做个老好人，因为我需要你的爱。(4)"我们各退一步。"不做判断。因为我也不完美，我也需要你的容忍。(5)"我太在乎你，必须当面指出你的问题。"我需要亲密的关系，但也需要秉持诚实正直的态度。①

如果不当面指出会怎样呢？有个让人悲哀的例子，是"别让我抓住你"和"我不想待在这里了"的混合。1975年世界巡回赛之前，斯帕齐·安德森（Sparky Anderson）是当时世界冠军球队辛辛那提红人队（Cincinati Reds）的经理，他说：

> 大约两年前，有一天我告诉儿子李，让他去剪一下头发。他头发很长，还扎了个马尾。我告诉他，最好在我回家之前自己把头发剪了。后来我回来一看，头发还没剪。他在外面车库里，跪在地上修他的摩托车。我就告诉他去把头发剪了。他说："不剪。"我完全不可能赢。我看出如果我想要他把头发剪了，就必须去揍他一顿。我不想那样，所以就走开了。我把他从我生活中完全隔离了出去。整整一年时间，我和儿子

---

① ［美］大卫·奥格斯伯格：《爱里说诚实话：如何积极化解冲突》，方逸译，团结出版社2011年版。

没有任何交流。他会和他妈妈说话,但不会和我说话。我失去了我的儿子。①

你关心他,要让孩子知道你想维持亲密的关系。当面指出他的问题,是要让孩子知道你心里非常在意,甚至不惜让他承担不当行为的自然后果。

2. 及早处理

如果你想让孩子遵守界限,就要从小开始管教孩子。如果一个4岁的孩子知道他不收拾玩具甚至打妹妹都可以逃脱惩罚,又怎么能指望他在14岁时遵守家规呢?

想想NASA登月计划。阿波罗太空飞船从点火起飞一直到登月的那一刻,每时每刻都处于监控中。如果它偶然偏离航道的话,马上就会被拉回来。

之所以需要微调矫正,就是为了防止产生大问题。结果,354055千米的旅程都精确完成了。

所以爸爸们,如果你想要18岁的孩子在经过一段复杂的人生旅程之后还能够精确着陆,就需要在他们还很好对付的时候就开始矫正他们。不要让他们在2岁、6岁或10岁的时候就偏离得太远。要一直持之以恒地矫正他们,这样你可能会在他们的青少年时期感到惊喜。

---

① [美]戈登·麦克唐纳:《有效的父亲》,第125—126页。

3. 谴责行为而不是孩子

在此，你的目标是让孩子知道，你不赞同或不能接受他的行为，但你还是爱着他的。也许下一次孩子搞砸了的时候，你可以夸张一点，以"嗨，我爱你"开始，然后开始讨论为什么你对他的行为很失望，并且后果是什么，这比说"你到底是怎么回事"要好得多。

看看这两者的区别。第一种方法让孩子知道他并没有受到攻击——不管他做了什么，你都爱他，虽然你一点也不喜欢他的行为。第二种方法就是一种当面的攻击："你到底怎么回事？"马上他就感觉很无助、无力，感觉自己很渺小，于是就可能会自卫反击——他感觉必须捍卫自己的价值。

与书同名的"一分钟父亲"会这样说："管教孩子时，我想让他们对自己的过错行为感觉抱歉，但不会认为自己很糟糕。"

4. 不在情绪失控时管教

我们真正想要的就是尽量避免愤怒和怒气下的言语。我说尽量避免，是因为知道没有哪个父亲有约伯那样完全的忍耐。我知道自己也有失控爆发的时候，也知道自己总是很后悔。

所以当你看到孩子的不良行为时要控制自己，即使在最让人气愤的情形下也要保持冷静。只要记住身高 1.5 米的艾丽所展示的这种技巧有何等的力量：

20年前一个寒冷的冬天，我走进屋子，看到了令人震惊的一幕。事情的细节我记不太清了，但我永远也不会忘记艾丽的反应。只见妈妈艾丽一个人在屋子里，她只有1.5米高，体重不到45公斤。锡德这个野蛮人正居高临下地冲她大喊大叫。锡德有一头浓密的金发，明亮的蓝眼睛，来到我们项目时，脾气是出名的臭。他身高1.95米，体重有110公斤，强壮的肩膀和突出的下颚可以让大部分成年男人都感到害怕。艾丽告诉锡德那天晚上他不能外出，因为没有完成分配给他的工作任务。锡德口中骂着脏话，伸手指着她；艾丽站在那里，看着他的眼睛，说话口气冷静、缓慢、音量适中。他大声叫着说要出去，她只是说："不行，锡德，你需要待在家里，完成你的工作任务。"

这样的交流持续了20分钟，我一直在看着。她平静的口气没有一丝嘲笑的意味，脸上的表情就像这柔和的声音一样，冷静而肯定。那种表情真让人折服。锡德冷静下来，进到房间里去学习。从头到尾，两个人谁都不知道我在场。从那个时候起我就注意到，好的父母很少会大喊大叫，他们的指示中没有挑衅，他们也不会因为对方的怒气而动摇。

锡德高中毕业就去当兵了。他第一次休假回家的时候，我正在家里。那个时候他已经长成帅气、有教养的年轻人了。我们都为他骄傲。当艾丽走进厨房的时候，我看到他眼中闪耀着泪光。当他拥抱她的时候，她的脚离地有60厘米。①

最难保持心平气和的时候，就是当你十几岁的孩子在凌晨1点15分偷偷爬上床，而不是在你们早就约好的时间回到家。担心和害怕的情绪在心里发酵。当你看到他开车回来时，终于舒了一口气，他没事。是什么让你如此忧虑？是对他的爱。但是当他进屋的那一刻，他得到了什么呢？怒气。

我自己还没有这样做过，但我希望当这一刻到来的时候，我能够心平气和地说："嗨，我爱你，你让我担心死了！告诉我发生什么事了？"

保证自己说话时情绪不会失控的简单方法，就是说话前先冷静一会儿。

你和孩子可以从当时的现场离开一会儿，双方都非常清楚很快就会回来处理这个问题。同样的做法也适用于做决定的时候。稍等一会儿再宣布惩罚的决定通常比当时就大声吼叫"你这个月关禁闭！"要好得多。一点点的时间通常就可以帮助你更加理智地衡量什么样的惩罚更合适。

我想要说的，所罗门在箴言里都已经解释清楚了："纷争的起头如水放开（透过大坝的裂缝），所以在争闹之先，必当止息

---

① ［美］肯特·海耶斯：《好家长，坏小孩？》，第104—105页。

争竞。"如果大坝要裂开了,你不会想要再放水进去。这是常识。

温和的回应比愤怒的回应更有说服力:"恒常忍耐可以劝动君王,柔和的舌头能折断骨头。"

5. 前后一致

我从专家那里听到过这点,从一项研究中认定的"专家父母"那里也听到过这点——这项研究的结果写在《回归家庭》一书中。我也从孩子那里听到过这点。另外,我还看到这一点在我自己家里也起作用。这个原则已经被广泛承认,因此一定有其相当的正确性。

在管教孩子的时候,一定要前后一致。

要按规矩办。即使你很累,也要坚持到底。如果你很早的时候就开始这样做,孩子就会意识到,规则就是规则,如果他们打破了规则,就一定有后果要承担。

在"美国最幸福的家庭"(America's Happiest Families)调查中,有一位爸爸在谈到管教最主要的原则时说:"一致性。如果某件事是不好的,它就永远都是不好的。如果是没什么大不了的事,那就要表现得像是这样。"

一致的管教并不是频繁的管教。事实上,一致的管教减少了频繁管教的必要。如果制定了公平、坚定和易懂的规则,并且配合有相应的结果,那么你就不需要成为全时间的监督者和执行者了。这一切的核心就是让孩子自我管教。

这个原则在我们家发挥作用的一个方面就是看电视。卡罗尔和我解释了我们判断一个节目好坏的原则，然后很快地，孩子们自己就开始应用这个原则做选择，而不必来问我们了。结果呢？我们很少就看电视发生冲突甚至讨论。所以，如果管教时能够保持一致性，就会减少管教的需要。

大一新生莎伦的话基本上包含了本章所讨论过的一切主题，因此可以作为本章——如何处理不良行为——的一个很有用的总结：

> 我想，我父母在教育上的成功，和他们处理问题的一致性有紧密的联系。他们很少使用体罚，只有在非常严重的情况下才会使用。从那以后我就学会了，然后再也不犯了。体罚从来都不是为了发泄他们的愤怒。相反，它是为了给我立即的、必要的管教，直截了当地告诉我某些行为是不合适的。我就在那一刻学习到了这种行为是不对的，并且它永远都是不对的（因为我父母从来不会因为沮丧或愤怒而进行这种管教），我应该不要再犯。所有这些都是在我们彼此的爱中进行的。我知道我父母不喜欢惩罚我，也知道自己不喜欢让他们不开心。我在每次受到惩罚后，总是马上就又一次确定他们还爱我。①

---

① ［美］弗吉尼娅：《他们做对了什么》，第55页。

原谅

在整个管教的领域,没有什么比原谅更有力量,或更难实行的了。原谅非常有力量,因为这是无条件的爱的语言;原谅也非常难行,因为它需要我们放下骄傲和自我。

爸爸们,我们的任务就是在家里营造出一种彼此原谅的氛围。如果我们能够做到,青春期的孩子们就会感觉可以自由地来到我们跟前(以及妈妈跟前),告诉我们他们最苦恼的问题,因为不需要害怕会有负疚感或被拒绝。

"等等。孩子真的会没有一点顾虑,会自然地来到父母跟前寻求原谅吗?"

是的,就是这样。那么他们是怎么学会寻求原谅的呢?

通过你以身作则。我们再次需要做好榜样,以身作则来做好这最敏感、也是人际关系中最基本的方面。这可能意味着当着孩子的面去寻求妻子的原谅;也可能意味着最艰难的一个任务——为你自己所做的某件事祈求孩子的原谅。

这不容易,也不令人愉快,但却常常会马上清理和医治伤害,并且在家里带来一种持续的彼此原谅的氛围。这就使得这个努力非常值得了。

你想不想要一个原谅的榜样?想想浪子回头的故事。浪子拿着自己的那部分遗产离开家,把钱财都挥霍一空,最终在一切都失败之后回来了。他爸爸从远处看见他回来——很可能衣衫褴褛,蓬头垢面,因为和猪抢食吃而浑身恶臭。

他父亲如何反应呢？你会如何反应呢？有个很大的诱惑，会让我们想要严厉责备他："我早就告诉你了。你已经把一切都搞砸了，是吧？你难道就看不出来自己所做的事有多么愚蠢吗？"

相反，我们读到的是：

> 相离还远，他父亲看见，就动了慈心，跑去抱着他的颈项，连连与他亲嘴。儿子说："父亲，我得罪了天，又得罪了你，从今以后，我不配称为你的儿子。"父亲却吩咐仆人说："把那上好的袍子快拿出来给他穿，把戒指戴在他指头上，把鞋穿在他脚上，把那肥牛犊牵来宰了，我们可以吃喝快乐！因为我这个儿子是死而复活，失而又得的。"他们就快乐起来。

这就是原谅的力量。

要点回顾

- 我们这些爸爸应该教孩子一些处世原则和价值观，可以帮助他们建立一种内在的导航系统，让他们可以自己负责任地生活。
- 因为管教就是带领跟随者，所以管教也包含着领导。
- 原因是孩子们心里知道，能够施加好的管教的父母——这对他们而言意味着管教要公平而有智慧——就是真正关心他们、爱他们的父母。
- 是的，管教有时候很难。其实有一件事比管教更艰难，就是和一个毫无教养的孩子住在一起。
- 建设性的管教是以攻为守——通过主动减少孩子的不当行为来减少管教的必要性。
- 如果你想要一个有自制力的孩子，你就要成为一个负责任、正直和自制的人——一个你所推崇的价值观的鲜活榜样。
- 注意、承认并且肯定孩子的好行为。
- 缺乏亲密的关系，管教会导致叛逆。
- 有了亲密的关系，管教会带来负责任的品格。
- 防止不当行为的第四种方法就是在孩子很小的时候就把权利和责任挂钩。
- 处理淘气行为时应该遵从的五个原则：（1）在乎，所以当面指出；（2）及早处理；（3）谴责行为而不是孩子；（4）不在情绪失控时管教；（5）前后一致。
- 在整个管教的领域，没有什么比原谅更有力量，或更难实行的了。我们的任务就是在家里营造出一种彼此原谅的氛围。
- "我们可以吃喝快乐！因为我这个儿子是死而复活，失而又得的。"他们就快乐起来。

第十一章　确立基本的道德观

> 帮助孩子成长的最好方法，以及其他方法中对孩子成长贡献最大的因素，就是引导他们建立终生受用的价值观。
>
> ——乔·巴滕

培养个人的道德观又被提上美国社会的日程了。我们的社会、家庭和个人已经意识到，离开这些价值观，我们就走不了多远。一个非常重要的事实就是，过去25年来我们迷失了。现在是时候开始忠心地教导并践行诸如诚实、公正以及仁慈等任何时候都适用的行为标准，来重建我们的社会和家庭，使它们更强大了。

让我们承认并拥抱这个基本事实：道德观很有用，而且非常有力，非常有效！

每一位想要培养自己孩子的道德与责任感的父母，几乎都本能地知道基本价值观的重要性。有一个犹太词语很好地道出了我们共同追求的目标：高贵的人（Mensch）。尼尔·可山（Neil Kurshan）在充满深刻洞察力的《培养孩子成为高贵的人》（*Raising Your Child to be a Mensch*）一书中定义了成为高贵的人意味着什么：

> 高贵的人性（Menschlichkeit）就是责任和激情的融合，是一种个人的需求和渴望受到其他人的需求和渴望约束的感觉。一个高贵的人，行动中总是有一种自我约束和谦卑，总是会顾及其他人的感受和想法。高贵的人会真诚地想要去减轻周围人的痛苦和苦难。①

放眼美国大地，很快你就会发现，在个人生活中很少看到尊贵、负责和仁慈的品格。那些继承或认同20世纪70年代和80年代出现的反道德思想的人——就是那些鼓吹"忘记传统价值观，定义你自己的规则"的年轻人，并没有找到新的生命意义。相反，他们遭受着深刻的空虚之苦。触目可见的是吸毒、酗酒和青少年早孕等。道德空虚的终极表现，就是越来越多的青少年自杀以及更多临时起意的谋杀。生命本身失去了其价值存在的道德基础，就变得廉价，可以随便丢弃。

简而言之，使今日美国青少年痛苦的大部分社会问题，是价值观全面崩塌的后果。整个社会缺乏一种内在统一的价值观

---

① [美]尼尔·可山：《陪着孩子成为高贵的人》，雅典娜出版社1987年版，第11页。

和标准,无法给人意义、秩序和生命的基本尊严。

这种情况应该停止了,因为解决之道就在身边。有一种运动正在兴起,要在我们的家庭和社会中重新建立与确认传统的价值观。约瑟夫·诺韦洛,在《教养孩童》(Bringing Up Kids American Style)一书中写道:

> 我感觉有一股巨大的潜流,人们正在向我们传统的价值观回归,诸如有约束的个人自由,家庭是个人幸福的基础,自我激励和努力拼搏,良好的职业道德,重视信仰的重要性,自制以及诚实得体的道德观等。①

珍妮·韦斯廷(Jeane Westin)在《即将到来的父母革命》(The Coming Parent Revolution)一书中对自己个人改变的描述,就是在许多婴儿潮时期出生的中年人的真实写照:

> 在道德教导上,我有自己的恐惧:害怕过分拘束。那么从我女儿出生到现在,这些年里我都经历了些什么? 变老了,我想这算一点。然后就是刺杀总统,越战,高官腐败——理想破灭。我想,旧的传统道德观根本没用——怪罪道德观而不是违反道德的人,这是20世

---

① [美]约瑟夫·诺韦洛:《教养孩童》,第5页。

纪70年代最受欢迎的说法。

但现在我要质疑我曾经认为的让人"解放"的教导，认为价值观完全是个人的，每个人的价值观都和其他人的有同等价值。我重新拿起对行为做出道德审判的权利，不管是公开行为还是私下的行为。虽然我会捍卫每个人有按照我所不认同的标准行动的权利，但我也保留教导孩子"在这个家里，我们相信那是错误的"的权利。①

这些成年人中有许多人重拾了道德信念，特别是在婴儿潮一代，最重要的原因是他们成为父母后，意识到孩子们需要学到稳定的价值观，并与有共同价值观的同龄人交朋友。简而言之，许多成年人正在意识到价值观可以给孩子的生命打下坚实的基础。

孩子们也需要这种基础。"今日青少年的主要诉求之一，就是要求父母为他们提供一种道德观来引导他们。" 罗斯·坎贝尔在《如何真正爱青春期的孩子》中提到自己的观察，就是青少年们以许多方式都表达了这一点。有人想要"一种生活的标准"，有人想要"生命的意义"，有人渴望"一些告诉我如何去生活的东西"或"一些可以抓住的东西"。

所以孩子们最好从什么地方获得"告诉我如何去生活的东

---

① [美]珍妮·韦斯廷：《即将到来的父母革命》，兰德麦克纳利出版社1981年版，第205页。

西"呢？答案是明显的：在家里。

《我父母做对的》（*What My Parents Did Right*），这是一本成年人讲述他们父母的见证的书。编辑在序言中写道："这些见证一遍又一遍地清楚说明了，家庭是传承价值观的地方。"

有一个调查发现，10个美国人中有8个会说自己是从家庭中获得了核心的价值观。但这个调查中有三分之二的人继续说，今天的孩子们却从电视、电影、音乐和MV中获取他们的价值观。

良好的道德观可以帮助我们的孩子变成体面、有责任心和仁慈的人，这些一般是成功生活的基本要素。

哈佛的罗伯特·科尔斯（Robert Coles）博士经过20年的研究得出结论说，那些最想帮助孩子成功的父母会专注塑造孩子的价值观。著名的心理学家埃里克·埃里克森（Erik Erickson）说："如果没有道德令人信服的成年人的引导，孩子就很难形成强大、适应性强又有效的价值观。"[1]

如果你想在家里确立基本的道德观，你应该知道自己不是在独自战斗。珍妮·韦斯廷注意到，她所采访的父母中有96%的人认为美国社会的道德观正在快速下滑，但同一批父母中许多人也认为一个被更新、被坚固的家庭可以改变孩子和社会，

---

[1] ［美］珍妮·韦斯廷：《即将到来的父母革命》，第206页。

并且绝大部分的父母都认为,自己最重要的工作就是把传统、道德标准和知识——"文明的指纹"——传递给孩子。

猜猜孩子们主要是从哪里学到如何做正确的选择,并且成为一个高贵的人的?是从父亲的训练和教导中学到的。

父亲的强大影响力

父亲们在塑造孩子的基本价值观上具有很强的影响力——不管是正面的还是负面的。美国男人们现在做得怎么样呢?

在我的剪报文件中,有两篇文章记录了美国父亲们正在改变。其中一篇包含了一段让人深思的话,是美国价值观研究所所长大卫·布莱肯汉姆(David Blackenham)说的:

> 许多婴儿潮时期出生的父亲都觉得自己比20世纪50年代的爸爸们更棒,因为后者根本不会想到要去换尿布。但20世纪50年代的爸爸们虽然在情感上和孩子不够亲密,但在价值观上却和孩子很相近。他们每天都会回家。今天很少爸爸能有足够的时间和孩子在一起,以至于能对孩子的道德观施加影响。

这大概刻画出了大部分父亲的形象。但越来越多的爸爸们已经注意到这一点,并且开始努力塑造孩子的价值观了。在一篇题为《父亲:瞄准更高的目标》(*Father: Going for Higher Goals*)

的文章中，作者指出许多父亲开始严肃对待价值观教育。一位爸爸说他在鼓励孩子"仁慈、温和、与人分享"，另一位爸爸想要孩子"仁慈""助人为乐"并"勇于担当"，又有一位说要"给孩子责任感"。

罗希·葛来尔（Rosey Grier）是前纽约巨人队高大威猛的后卫队员，后来成为洛杉矶公羊队（Rams）"可怕的四巨头"之一，如今是一位十分有激情的爸爸。他说希望给自己的孩子注入一种诚实、坚持信念和关爱他人的价值观。

暂且假设我们和罗希以及其他爸爸一样，想要鼓励孩子拥有最基本的价值观。需要怎么做呢？

认识你的主要信念

我们必须从知道并理解自己的主要信念开始。

"我儿子简直毫无任何信念。"华盛顿法官约翰逊抱怨道。

"哦，约翰逊先生，"我问道，"那么约翰逊家的主要信念是什么呢？"

"啊，嗯，啊，这个……"他支吾着。我无意间把他难倒了。他之前从来没有想过这个问题。

"或者说作为约翰逊家的成员意味着什么呢？"我问。

"嗯，我从来没想过这个。"他承认说。①

如果你从来没想过作为一个"＿＿＿＿＿＿＿（填入你的姓）家人"意味着什么，现在就应该想想了。

践行信念

无论我们嘴上怎么说，如果我们不践行自己的信念，孩子就会一眼看穿我们。事实上，如果孩子看到我们言行不一，他们很可能就把那些善意的话直接忽略了。

以身作则，活出你的信念。这一点怎么强调都不过分。这从根本上决定了你的孩子在成长过程中会持守和践行怎样的价值观。下面这段评论充分展示出爸爸可能带来的两种极端影响，一个是积极的，一个是消极的。弗兰克·麦金尼·哈伯德（Frank McKinney Hubbard）说："父母之所以无法引导孩子走上正路，是因为父母自己也没有走在正路上。"罗伯特·贝利斯（Robert Baylis）谈到他的爸爸时说：

> 我爸爸给我的另一个不可磨灭的印象就是他的道德正义感。在我处于青春期的时候，无论对他的信念多么不感冒，我却无法否认他的行为是善良的。我记

---

① [美]约瑟夫·诺韦洛：《教养孩童》，第7页。

得和邻居的一个男孩子吵架，对方想要贬损我，我就挑战他能不能找到我爸爸身上有什么不道德的地方。因为他的品行显然丝毫没有沾染附近社区所常见的不忠、放纵和醉酒等。他总是很积极正面的。他极端诚实，真诚地关心邻舍与同事，经常不辞劳苦地帮助他们。①

"说得容易做到难"，这句话还不足以完全说明活出价值观的困难之处。真正的挑战是，它会越过行为，直接拷问内心你是怎样的人。下面是一个成年的儿子在一封写给爸爸——一位全国知名的作家、演说家和教授——的信中所说的话：

> 你总结说："你是谁远比你做什么更重要。"爸爸，这是很好的道理，我希望你自己可以好好听听。
> 因为在我所认识的人中，你比任何人都更爱从你所做的事上获得自己的价值感。否则怎么解释你那可笑的日程呢？你的日程安排繁忙得使你无法和你亲爱的儿子维持一段正常的友谊，或者保持健康的关系，甚至都无法经常见到他。你说有时候你也在想为什么不更经常停下来思想一下，但是实际上你很清楚为什么——你太忙了。你太忙了，忙得没法见那些支持你

---

① 弗吉尼娅·赫恩：《他们做对了什么》，第240页。

的人,忙得没法见你的家人,忙得没空去锻炼,忙得没空和新人交朋友,忙得没空培养年轻人。①

不要误会我。这不是一件非此即彼的事。这里首要的问题是,你是谁,你是否有一颗正直的心。然后才是需要做一些具体的事来证明你是这样的人。

让我们回到可山拉比成为"高贵的人"的目标。他指出,高贵人性不是自然出现的:

> 就像孩子们不会神奇地突然学会数学、英语和科学一样,他们也不会神奇地学会道德、仁慈和尊贵。他们是通过模仿成年人——他们的榜样和模范,而逐渐成为体面、负责任的人的。特别是通过模仿有原则、有信念,并且勇敢地坚持自己信念的父母。②

从开始到结束

说到教导并活出价值观,爸爸们还有很长的路要走。一位作家在谈到我有责任为孩子们提供丰富的人生体验时,令我印象深刻。下面就是我们在指导孩子学习的"课程":

---

① [美]托尼·坎波洛,巴特·坎波洛:《未开口的话》,第40页。
② [美]尼尔·可山:《陪着孩子成为高贵的人》,第12—13页。

1. 我是多么宝贵。
2. 男人是什么。
3. 女人是什么。
4. 男人和女人如何相处。
5. 如何满足需求。
6. 世界有多么安全。
7. 如何负起责任。
8. 如何耐心等候我非常想得到的东西。
9. 你可以信任谁。
10. 我有多能干。[①]

一些关键的道德观

爸爸们应该在孩子身上鼓励怎样的基本道德观呢？显然，没有标准列表。每位爸爸在和妈妈商量之后，都会提出自己的答案。我尽量对孩子强调三种基本的道德观：(1) 正直，善良；(2) 关心他人，责任感；(3) 从失败中学习，战胜困难。我从访问过的人那里，从我读到的书和文章中知道，这三种基本道德观也是许多爸爸非常强调的。

1. 正直，善良

我对孩子们的一个最大的盼望就是，他们每个人都会成为

[①] [美] 唐纳德·乔伊：《父母、孩子和性诚实》，话语出版社1988年版，第16页。

正直的人——有坚定原则，不论环境如何，不论周围的人怎样，都能够坚守原则。

正直的一个关键要素就是诚实。我想要我的孩子能够坚守真理，有很强的道德心。我想让他们有查尔斯·寇尔森（Charles Colson）的爸爸在他身上注入的那种追求真理的心。这种决心在面临最严酷的考验时仍然能够站得住：

> "只有一件事，"他总是会加上一句，"没有什么比说真话更重要。永远都要说真话。"
>
> 这句话以及我爸爸一直以来的忠实榜样，陪我度过了成年时光，度过了我孩提时永远无法想象的，在白宫经历的大大小小的风波。所以那天在法庭上，我深吸了一口气，在椅子上坐直身体，开始实话实说。在44次被召出庭宣誓作证时，我的回答都是前后一致的。最终，我成了唯一一个在那次事件中没有被指控作伪证的主要人物。①

鼓励孩子拥有这种价值观的一个方法就是，总是祝贺他们说了实话，即使（或者尤其）是在他们承认自己犯错的时候。如果他们坚守原则，就要祝贺他们。在今日的世界中，建立正直的品格需要许多的肯定和鼓励。

---

① [美]格洛丽亚·盖瑟：《父母做对了什么》，第48页。

正直和善良是紧密相关的。我所指的善良不是说孩子们应该听话，做"乖小孩"。

我指的是品格的善良：坚持根本性的道德原则，有一颗成熟、纯洁的心。

《箴言》开头的几句话指出了我想在自己孩子身上看到的善良：

以色列王大卫儿子所罗门的箴言：
要使人晓得智慧和训诲，分辨通达的言语。
使人处事领受智慧、仁义、公平、正直的训诲。

有了这种善良，孩子就不会因为能赚大钱，或这样做比较容易，或这是"流行"而去做某件事——而是因为这是他们认为正确的、应该做的事。

2. 关心他人，责任感

第二种价值观就是关心他人和责任感。我们的孩子——每一个成熟的人，都应该有这个能力，也应该有一种内在的责任感，不仅顾及自己与自己的需求，而且想要满足其他人的真实需要。

这种"顾及别人"的观念应该从家里开始培养。要帮助孩子意识到，他们不仅被父母爱着，而且也被需要着——他们的贡献会帮助这个家变得更加强大。他们应该明白，自己也是促进家庭和谐的重要力量。

简单来说，不要让"这不是我的事"变成你家里经常听到的一句话。记住下面这个让人深思的故事，并和你孩子一起分享：

> 有四个人，分别叫"每个人""某个人""任何人"和"没有人"。有一项非常重要的工作需要完成。"每个人"肯定"某个人"会去做的。"任何人"也可以做但是"没有人"做。"某个人"为此很生气，因为这是"每个人"的工作。"每个人"认为"任何人"可以做，并且"某个人"会去做的。但是"没有人"意识到，"每个人"认为"某个人"会去做，结果就是当"没有人"去做那件"任何人"可以做的工作时，"每个人"都在责怪"某个人"。

不要止步在家庭的范围里。要教导孩子向他人伸出援手，帮助他们理解，在你的社区之外，有许多人正在遭受苦难，或许在你的社区也有这种情况。可以给他们讲一些无家可归者的故事，或关于全球饥饿的故事来帮助他们理解。或者鼓励他们和你一起看一些关注国内外不幸人群的电视节目。

最后，要在关心他人的事上做榜样。下面是一位爸爸所做的：

一天晚上，我爸爸出差回来，在机场看到一对老夫妻明显需要一些帮助。他了解到他们是从爱沙尼亚去加拿大，在我们这里临时中转。他们口袋里只有几美元，不知道要去哪里。所以，我爸爸邀请这对不知道怎么办的陌生人来我们家吃晚饭，在我们家过夜。第二天早上，他送他们回机场，赶上了转机的航班。

你可以想到这如何教会了我仁慈的价值。今天，我把我的同情心归功于在爸爸身上看到的行为。①

这位爸爸在服侍的喜乐上做出了很好的榜样——这种喜乐传递给了女儿。有一句古老的话说："我们服侍谁，就会爱谁。"你知道吗？你的孩子越按照这种方式去服侍他人，就会越爱他人，也会越爱自己。服侍他人会带来自尊自爱。所以我们要帮助孩子们意识到，他们可以给世界带来不一样的改变。

3. 失败是成功之母

我想要孩子拥有的另一种价值观就是，虽然失败和困难不可避免，但他们可以从中学习，并且战胜它们。他们需要知道，阶段性的失败对于个人成长来说至关重要。

---

① ［美］罗尔夫·塞特斯腾：《给予孩子同情心》，《专注家庭》1991年4月，第14页。

请和孩子一起分享这个小故事:

有个学徒曾经问一位非常成功并受人尊敬的导师:
"你是怎么取得这么大的成就的?"
"做对的决定。"这位老智者说道。
"可你是怎么学到做这么多正确的决定的呢?"年轻人追问道。
"经验。"导师用一个词解释说。
"那么你是从哪儿获得这些正确的经验的呢?"这个充满希望的门外汉继续追根究底。
"错误的决定。"导师回答。

失败是成功之母,这句话隐含的意思就是生活不易。许多孩子成长中都想当然地认为一切都应该照着自己的意思运转。生活不是这样的,他们越早知道这一点越好。不过,在告诉他们现实生活的艰辛时,也要告诉他们生活中的困难是可以克服的。态度和忍耐是关键。

你可以和孩子们分享下面这个克服困难的故事:

有个年轻人很想做个出色的棒球运动员。他从小就笨手笨脚的,最终却成了历史上最伟大的棒球运动员之一。小的时候他很害羞,很容易受伤,在任何方面都不出色。他长得比同龄人都矮小,并且被人认为不太灵光。

其他的男孩子常常向他扔石头，叫他的外号。因为他丢球也不行，接球也不好，所以没有人愿意和他做队友。但他还是坚持打，因为他就喜欢打棒球。靠着坚强的意志力以及长时间的训练，他开始慢慢地进步，最终变得很出色，成了美国史上最好的棒球运动员之一。他有许多的伤病，但无论健康还是生病，他从来没有错过一场比赛。甚至在他职业生涯的后期，尽管因风湿无法直起腰，但他还是打出了许多好球。有一次他被一个投球手击中头部，昏迷了过去，脑震荡。但是第二天他照常比赛，还打中了四个球。在他打球的最后一段日子里，他的手拍了X光，医生发现他两只手的每一根指头都骨折了，有的手指骨折过两次，但他从来没有向任何人提起过。让人惊奇的是，尽管有骨折的痛苦，筋腱、肌肉和韧带也有拉伤和撕裂，他还是打得和以往一样好。在他患病以致身体每况愈下的时候，他比平常更努力，为的是"不拖球队的后腿"。①

这个人就是卢·格里克（Lou Gehrig）。这是一个战胜困难的真实见证。

---

① ［美］詹姆斯·哈里斯：《你和你孩子的自尊心》，第53—54页。

要点回顾

◆ 帮助孩子成长的最好方法就是引导他们建立终身受用的价值观。

◆ 让我们承认并拥抱这个基本事实：道德观很有用，而且非常有力，非常有效！

◆ 我要重新拿起对行为做出道德审判的权利，不管是公开行为还是私下的行为。虽然我会捍卫每个人可以按照我所不认同的标准行动的权利，但是我也保留教导孩子"在这个家里，我们相信那是错误的"的权利。

◆ 今日青少年的主要诉求之一，就是要求父母给他们提供一种道德观来引导他们。

◆ 那些最想帮助孩子成功的父母会专注于塑造孩子的价值观。

◆ 绝大部分的父母都认为自己最重要的工作就是把传统、道德标准和知识——"文明的指纹"——传递给孩子。

◆ 孩子们主要是通过父亲的训练和教导学到如何做正确的选择。

◆ 活出你的价值观，以身作则，这是影响孩子价值观取向的决定性因素。

◆ 你总结说："你是谁比你做什么更重要。"爸爸，这是很好的道理，我希望你自己可以好好听听。

◆ 正直的人就是有坚定的原则，不论环境如何，不论周围的人怎样，都能够坚守原则的人。
- ◆ 我们的孩子应该有这个能力，也应该有一种内在的责任感，不仅顾及自己与自己的需求，而且想要满足其他人的真实需要。
- ◆ 鼓励孩子拥有这样的价值观：虽然失败和困难是不可避免的，但是他们可以从中学习，并且战胜它们。

第十二章　传递人生观

伟人就是那些看到心灵比物质力量更强大的人。

——爱默生

人生观的核心角色

就本书而言，我们或许可以仿照爱默生的话说："好爸爸就是那些看到对于孩子来说心灵比物质力量更强大的人。"

我们许多日常生活都是在物质层面发生的。物质世界的力量——摇滚乐、毒品、性、酒精以及许多其他东西——对于各个年龄段的孩子都有很大的影响，特别是对十多岁的青少年来说更有影响力。

你可能不同意爱默生的话。你可能对此不感兴趣，或者是还没有好好思考过这一点。如果是这样，请你带着一颗开放的心耐心地读完本章的内容，因为近年来有大量非常有说服力的证据，证明了向孩子传递高尚的人生观非常重要。

好好看看你的孩子，如果可以的话，你现在就可以看着他们，或者在脑海中想象他们的样子。你看到了什么？只是他们的外貌？当然不是，因为你的孩子会思想，所以在他们的外貌上加上思想。还有什么？你的孩子会表达感情，所以再加上感情。这是"最容易看到的三项"，但是有些爸爸也就到此为止了。

但是再看看，你可以看到（或者当他们成为青少年的时候，有一天你会看到）孩子在问：生命的意义是什么？我为什么会在这里？这种问题是普世性的——无论什么时候、无论哪个国家，孩子们都在问。这其实也是一个证据，证明每个人都有寻求人生意义与价值的一面。

把这些图画拼凑在一起，你就看到了大部分的儿童专家所强调的东西——每一个孩子都是身体、智力、心理和意义的综合体。对于我们这些爸爸来说，这意味着我们应该关心孩子在每个领域的成长。

身体的成长和智力的成长自然地占据了我们主要的注意力，因为这两个方面的表现很明显，也因为社会对于这两个方面非常看重。但是在此我们遇到了一个讽刺的——并且最终会变成让人很不舒服的——现实。

作为爸爸，你心里打定主意要给孩子一份最好的教育——在他们最初的 13 年学生生涯中鼓励他们，可能花了好几百个小时去帮助他们做家庭作业和科学项目，最后花了近十万美元送他们去接受大学教育。这些都表明你决心帮助他们智力成长。

你做得不错,但这还不够,并且很可能他们会发现这很不够。奥古斯丁被认为是历史上最伟大的思想家之一,他在谈到爸爸在他身上的投入时意味深长地说:

> 人们说起我的爸爸来都只有溢美之词。因为虽然他自己没有什么钱,却愿意满足他儿子的一切所需,送他去那么远的地方求学。我们镇里许多人虽然比我父亲有钱得多,却都没有为他们的孩子做过这样的牺牲。但是这样一位父亲却毫不在意我在人生意义的路上成长得怎么样,或者我是否纯洁。他只关心我是否有流利的口才,却任凭我的心里没有一点良知的果子。①

所以你必须停下来问问:我在干什么,我是不是致力于孩子心灵的成长?我有没有帮助他们回答生命的"大"问题——我是谁?我来干什么?生命的意义是什么?可悲的是,我很伤心地说,在太多爸爸的账本中,那个地方是一个大大的零蛋。

不管那里是一个零蛋,还是一些"象征性的投资",你今天都可以有一个全新的开始。如果你下决心要在孩子人生意义的成长方面投资,我可以向你保证,这个回报是你在所有领域所能找到的最高的回报。这些潜在的回报包括帮助

---

① [古罗马]圣奥古斯丁:《忏悔录》,企鹅出版社1961年版,第45页。

你的孩子：
- ◆ 找到生活的真正意义
- ◆ 找到坚定的价值观
- ◆ 在自我认同上有更多的安全感
- ◆ 在面对世界的敌意时有更多的自信

幸运的是，关于人生观对一个人生命的重要性，你不必光听我或者爱默生的话。这个事实已经被各行各业越来越多的人所认识。许多杂志和书籍都在强调意义对一个人以及一个家庭的影响。《健康家庭的秘密》（*The Secrets of Strong Families*）一书是由著名的家庭研究者尼克·斯提内特（Nick Stinnett）和约翰·德·弗雷恩（John de Frain）合著的，他们认为健康的人生观是健康家庭的六个关键要素之一。作者这样写道："健康的家庭对于更伟大的良善和生命的力量有着坚定的信念，而这种信念给他们力量和人生目的。"

在一项关于100个最幸福的美国家庭的研究中，研究发现是非常相似的。这个发现，正如《回归家庭》中说的，毫不含糊：

> 一个健康的家庭由许多要素组成。那些成功的家族在这些要素的相对重要性或排名上并不完全一致。打造成功家庭，没有完全不会出错的配方。但是，在那些健康的家庭中，有一些主题是很普遍的，例如依

靠常识，以身作则教导孩子，和孩子沟通，管教，等等。其中一个非常突出的主题就是传递人生观……这些家族中几乎有90%的人都把人生观作为一个重要，甚至首要的引导生活的力量……人生观是一柄大伞，包容一切，并使整个家庭更加友爱、紧密相连在一起。①

在这些家庭中，传统各不相同，但在各种各样的传统中，父母和孩子都异口同声地说，一个人的人生观对于家庭的幸福而言是非常重要的。

是的，即使是斯波克博士也把人生观放在优先地位。他指出电视以及科学剥夺了原来塑造美国社会以及美国家庭的信念纤维。他注意到在世界上大部分的地方，物质主义会受到人生观的平衡。但是在美国，孩子们从电视中得到他们的价值观，特别是消费主义和竞争主义。结果呢？照斯波克的话说，"我们已经失去了作为人的大部分尊严。我们再也没有了灵魂"。②所以，他鼓励父母去做一个"深刻的改变"，在孩子童年时就教导他们正确的人生观。

这就是一些专家发现的事情，是他们所相信的。那么今天的孩子们呢？他们真的看到了人生观的重要性吗？他们相信对人生意义的信念比物质力量更强大吗？

---

① ［美］雷伊·瓜伦迪：《回归家庭》，第102页。
② ［美］本杰明·斯波克：《斯波克父母经》，刘莹译，安徽科学技术出版社2012年版。

显然是的。有一项详尽的年轻人的人生信念调查,得出一个关于青少年们关心什么的结论,使我们大部分成年人感到吃惊。我们很容易低估他们对人生信念、价值观和生活目标的关心程度。

青少年的声音,像往常一样,比那些调研更让人震撼:

我不认为人生信念会使我们的家庭变得成功,但我觉得它可以帮助我们学习做人。学好如何做人,那么你的家庭就是一个成功家庭。

——凯蒂,15 岁

我们家的核心特征就是有很强的共同信念,因为如果……你有对的信念,那么一切都会回到正轨。我们的父母真的相信我们是有标准和信念的,认为我们应该在生活中活出这些标准和信念。

——金柏莉,18 岁,奇普,16 岁

如果你去看十诫就会知道,这就是我父母所强调的价值观。如果我们心里一直记着这些价值观,生活就会过得容易一些。

——大卫,13 岁

> 我父母很强调人生要有信念。我们一直都有早晨的共读时间，也很享受群体的活动。但是最重要的是，我们一直都被教导要把一切的忧虑卸下，并且要记住，凡事都有目的，我们的人生也不例外。
>
> ——雅各，16 岁[1]

这些都是很清楚的说法，但有时候最有洞察力、最有智慧的话是从很小的小孩口中讲出来的。这个研究的作者发现，这几个字才最好地描述了调研中大部分家庭的信念。虽然人们几乎是普遍地承认人生观的重要性，但如果要"强加"甚至"传递"人生观给孩子的话，许多父母还是感觉似乎有点"不对"。"让他们自己去决定要走的路"，这是他们背后的哲学。这种方式的一个基本问题就是，这导致在年轻人中间出现了为数众多的"意义贫民"。而且因为人的天性憎恶真空，所以不管是哲学也好，摇滚音乐人的"原则"也好，邪教人物的独裁也好，或是那种生活就应该单纯地追求感官快乐的自我观点也好，孩子们的头脑中总要被某些东西填满。

这个问题在今天每一代人身上都是真实存在的，不仅仅是青少年。《新闻周刊》已经报道说男人运动（men's movement，一个内省的运动）的"目标就是寻求解决美国男人的意义危机"。

---

[1] ［美］雷伊·瓜伦迪：《回归家庭》，第 105 页。

如果美国的父亲们至少能坚守那些经受时间考验的、传统的人生观，以此努力化解孩子们所面对的那种危机，难道不是一件很奇妙的事吗？要怎么做这件事呢？我建议介绍你的孩子认识真理。

介绍孩子认识真理

作为一个爸爸，你可以给予孩子很多东西，但却无法给他们内心的信念。那最终必须是他们自己的选择。但是你可以也应该介绍他们认识真理。至于具体怎么做，以及带着怎样的热情去做，这取决于你本人的信念。

这样，我就把本节分为两个部分：第一部分是给那些有着坚定人生信念与热情，并且愿意将其传递给孩子的爸爸；第二部分是给那些自己不确定有什么人生信念，但愿意向孩子介绍，让孩子自己做判断的爸爸们。不管你觉得自己是在哪一部分中，都请你把两个部分都读一读，因为每个部分都可能有你觉得可以应用的点。

对于有着非常坚定信念的爸爸，你首要的责任就是，教导你的孩子认识真理，并过一个和你的信念一致的生活。做不到这两点就是背叛你所相信的东西，也是背叛你的身份。

凡是真理都要记在心上，也要殷勤教训儿女。无论坐在家里，行在路上，躺下，起来，都要常常谈论，也要警诫自己和后代。

这个体系就是教训和谈论。让我们先看看教训。"教训"这个词的词根隐含有重复、一遍一遍地讲述，以及言行一致地做榜样的意思。进一步，我们要"殷勤"地教训。这个词的词根是一个动词，意思是"磨炼，使之锋利"。所以从字面上理解，我们要让孩子得到磨炼，变得更出色。这些是对我们的命令，要我们确定地在孩子人生观的塑造中承担责任。①

"教训"是从希腊语动词"教育"而来的，真正的意思是一系列促进孩子有良好教养的方法。这些方法包括陪伴，使他贞洁，使他归正，这些都归结为管教。"警诫"指的是一种有原则的教育，培养他成为一个有原则的人。

这样，父亲的责任就是按照原则来训练、管教和警诫孩子。这是首要的品格建设。

关键就是要开始得早。比较小的孩子内心是非常敏感的。可以透过爱与关心等一些简单的话题让他们开始思考。显然，你不能论断他们的回应。

这样的教导有用吗？所罗门被认为是历史上最有智慧的人，在箴言中给出了一个肯定的答案：

> 我儿，要谨守你父亲的诫命，不可离弃你母亲的法则（或作"指教"），要常系在你心上，挂在你项上。你行走，它必引导你；你躺卧，他必保守你；你睡醒，

---

① [美]查克·斯温道尔：《刚强的一家》，第19页。

它必与你谈论。因为诫命是灯,法则(或作"指教")是光。训诲的责备是生命的道。

这个应许对我们这些父亲来说是很让人激动的。我们得到应许说:只要我们教训孩子,孩子行走就必蒙引导,躺卧必蒙保守,睡醒必蒙鼓励。

在前面所提到的体系中,第二部分是谈论。无论坐在家里,行在路上,躺下,起来,都要常常谈论。坐下,走路,躺卧,起来。一句话,就是要活出真理的要求。我喜欢戈登·麦克唐纳(Gordon MacDonald)的归纳——"全人浸透的领导"。它包括三个要素:(1)热爱真理;(2)在你的生活中把这种爱放在极高的优先次序上;(3)在你和孩子的关系中,每一分钟都沐浴在这种实际里。

如果想要让教训产生什么好的结果,那么有坚定人生信念的爸爸必须在孩子面前做出榜样,这一点无论怎么强调都不过分。为什么?

因为对很小的孩子(直到5岁)来说,你在他们眼中就是最好的榜样。这是一项很重大的责任。当孩子越来越大的时候,就会越来越需要你在人生信念上做出榜样。你必须清醒地意识到,青少年对于虚伪深恶痛绝。他们会觉得,如果人们真的认同某些人生信念,他们就必须言行一致地践行出来,并且一直体现在行为中。他们必须看到你的信念没有"假期"。

你需要在家里有许多践行信念的时刻,包括在愤怒过后,或是说了一些没有经过仔细思考的、鲁莽伤人的话后,对你的孩子或者妻子说:"对不起,我错了。请原谅我。"小孩子、青少年以及成年人都肯定会在这些时刻中看到你在以身作则,持守一些标准与信念。

那么这样做出榜样对孩子的生活有用吗?吉他手丹·赫夫(Dan Huff)讲述了这如何影响着他的生活:

> 我父母对人生信念非常严肃,他们努力想要使这信念和我们小孩子也有关系。这需要时间,需要讨论。慢慢地,我们开始明白,人生信念不是某种你可以塑封在某天或某个节日的东西——而是一种生活方式。我可以在我哥哥身上看到这一点,他们也可以在我的身上看到这一点(人比较难在自己身上看出来)。我们对人有一种真实的爱,这种爱一定是来自我们父母的。他们一直都是这样。经过很长的一段时间在一起谈论我们家庭的核心信念,并且看到他们的榜样,我们才慢慢明白这一点。我从我们家的讨论中学到的如何过与信念一致的生活的道理,比任何其他地方都多。我看到了父母一直都在生活中践行着他们的人生信念。[①]

现在应该说到第二部分——如果爸爸不是那么肯定自己有

---

① [美]格洛丽亚·盖瑟:《父母做对了什么》,第115页。

什么信念，要怎么向孩子介绍真理呢？照斯波克的话说，虽然这听起来有点自相矛盾，但是事实上这没有什么不合适的，也不是那么难办。他在《斯波克父母经》中建议：

> 在过去一百年中，因为人们对人生信念态度的改变，以及信仰的削弱，与孩子谈论这个话题已经变得越来越困难了。但宇宙只是一个纯粹的物理系统，人类只是一个细胞和化学物质，都经过一些进化过程产生，这一概念让许多不可知论者，或者只是模糊地对人生意义有一些想法的人感觉很不满足。我们想要寻找更多存在的意义。
>
> ……
>
> 除了最物质主义的人以外，所有的人都非常看重价值观和人生观。虽然我们从来也不会谈起它们，但孩子和我们住在一起，会慢慢地、潜移默化地接受它们。听他们谈论或与我们一起讨论这些事，可以帮孩子们澄清人生与价值方面的一些困惑，选择接受对他们最有意义的。①

---

① ［美］本杰明·斯波克：《斯波克父母经》。

在多变和缺乏安全感的时代中扎根

本章讨论了在孩子身上传递人生观。我建议介绍他们认识真理。

前面我还提到过一些帮助孩子的方式:帮助孩子回答有关生命的大问题,发展坚定的人生观和价值观,在自我身份认同上有更多的安全感,以及获得自信去面对有时充满敌意的世界。

这四种好处可以归纳为"信念的扎根"。在这个快速变化和缺乏安全感的时代中,这种信念的扎根会给他们一种内在的安定感。

在我女儿克莉丝塔十岁的时候,写下一段话,让我感觉到她已经感到了这种扎根,这让我很激动:

> 如果没有永不止息的爱和赦免在爸爸心里,他不可能有那么多的爱与耐心。宁静时光、默想、阅读分享等使我的童年,包括现在,少了很多的麻烦,多了很多的安慰……我也感谢爸爸。是的,我们每天和每周的日程中总是安排出一部分时间,花在陪伴家庭成员上。

当时代与环境不停变换,社会与身边的人在迷失中不断找寻意义时,如果父亲,乃至家庭能给孩子传递坚定不移的人生意义与价值标准，这就会成为他们生命中的"信念之锚"，又坚固，又牢靠。"信念之锚"对孩子来说是多么美的礼物！

要点回顾

- 好爸爸就是看到对于孩子来说，心灵比物质力量更强大的人。
- 所以你必须停下来问问：我在干什么，我是不是致力于孩子心灵的成长？我有没有帮助他们回答生命的"大"问题——我是谁？我来干什么？生命的意义是什么？
- 其中一个非常突出的主题就是传递人生观。这些家族中几乎有90%的人都把人生观作为一个重要，甚至首要的引导生活的力量。
- 作为爸爸，你可以给予孩子很多东西，但却无法给他们内心的信念。
- 对于有着非常坚定信念的爸爸，你首要的责任就是，教导你的孩子认识真理，并过一个和你的信念一致的生活。
- 父亲的责任就是按照原则来训练、管教和警诫孩子。这是首要的品格建设。
- 这个应许对我们这些父亲来说是很让人激动的。我们得到应许说：只要我们教训孩子，孩子行走就必蒙引导，躺卧必蒙保守，睡醒必蒙鼓励。
- 如果想要让教训产生什么好的结果，那么有坚定人生信念的爸爸必须在孩子面前做出榜样。
- 你需要在家里有许多践行信念的时刻,包括在愤怒过后,或是说了一些没有经过仔细思考的、鲁莽伤人的话后,对你的孩子或者妻子说:"对不起,我错了。请原谅我。"
- "信念之锚",对孩子来说是多么美的礼物!

尾 声

成功的父母所具备的最基本的特质就是,无条件的爱、陪伴、以身作则和愿意管教孩子。

——雷伊·瓜伦迪博士

我相信你已经感觉到了,本书并不那么看重头脑知识,而是更看重内心的信念与价值。我是一个对如何做爸爸很有热情,并且想让尽可能多的爸爸心里也燃烧起这种热情的人。

我希望当我们来到本书尾声时,你会像我一样,把将来的日子看作做爸爸的喜乐中的一场新冒险。你应该知道我写这本书的时候也在和你们一起学习。

健康家庭的关键特征

关于家庭是什么,下面的话深深地打动了我:

关于家庭，可能有许多东西可以说，但最重要的是，它是人生的起点，我们的人生态度和信念就在这里发出。这也是我们人生归宿之所，是在世之时对我们影响最大的地方。它的价值无法用什么价签完全标示，它的影响力也无法用什么量具来完全衡量——无论这影响是好是坏。我们是在家里、在家人中间来协调各种处境。人生的决定在这里形成。[1]

想到如今流行文化中所传达出来的价值观，我很高兴家庭才是人们"做出人生决定的地方"。我希望我的孩子能在家里建造他们的品格，形成他们基本的道德观和人生观。

我们在努力营建好的家庭生活时，可以从那些研究健康家庭关键要素的结果中学习。其中一个列表来自最近几十年的一项研究结果。[2] 第二个列表来自近期一项对南美、瑞士、澳大利亚、德国、南非和美国的3,000个健康家庭的研究。[3] 第三张列表来自《即将到来的父母革命》一书的作者珍妮·韦斯廷。[4] 三个列表均提到了一个要素，还有其他五个要素在两个列表中被提及。下面就是构建健康的家庭的六个关键要素：

---

[1] [美]查尔斯·斯温道尔：《家庭：做出生活决定的地方》，摩尔特诺马出版社1979年版，第5页。
[2] 摘自一篇未发表的摘要，由（堪萨斯州立大学人类发展与家庭研究系）贾德森·史威哈特博士审阅。
[3] [美]尼克·斯廷内特：《家庭建造：强健家庭的六种品格》，丽格书店1985年版，第38页。
[4] [美]珍妮·韦斯廷：《即将到来的父母革命》，第256—258页。

1. 家庭有坚守的人生信条（三个列表均提到）。
2. 成员彼此相爱，家庭是一个整体。
3. 家人花时间在一起。
4. 家人之间有好的沟通。
5. 能常具有在危机中解决问题的能力。
6. 家人会互相表达感激。

如果你努力在自己的家庭中做到这些，总是不会错的。

最后三个锦囊

当我们踏上这个建立健康家庭的新旅程，并在过程中体会到做爸爸的真实喜乐时，我想最后再给你三个锦囊。

第一个建议就是要对做爸爸这件事充满热情，要永远记得，只要你没有完全放弃做个好爸爸的努力，就还没有失败。要逃避诸如"我不在乎"或"我放弃"的说法，因为这种话听多了，游戏就结束了。要相信这一点：你不可能失败，因为并没有一个所谓的教养孩子的"正确"方法。相反，有许多合适的方法，所以多尝试，找到真正适合你和你孩子的方法。在讨论为什么一般人只实现了自己诺言的 10%，只有 10% 的心因爱而活时，约翰·鲍威尔说出了这段很有力量的话："这样的人，终其一生都没有真正活过、真正爱过。对我来说，这是最让人害怕的结果。我真的不愿意想象你我还没有真正活过、爱过就死去。"①

爸爸们，要为家人而活。要真正地活着！并且真正地爱你的孩子！

要在有生之年努力去爱。当你想到你对孩子一生的承诺时，请记住这些话中所包含的那份永不放弃的态度：

> 爸爸总是想方设法地告诉孩子，不管他们在做什么，不管他们去哪里，不管有多久，不管他们多大年纪，不管要付出怎样的代价——
> 只要我有一分钱，你就不会破产。
> 只要我有一口饭，你就不会挨饿。
> 只要我有一件衬衫，你就不会冻着。
> 只要我有一只手臂，你就永远会被拥抱。
> 而如果我连一分钱、一口饭，或一件衬衫也没有，手臂也累得再没有力气去拥抱，请你来到我床边，握住我的手，希望你知道，只要在这苍老的身体里面还有一颗心在跳动，那么爸爸还是爱着你。②

我的第二个锦囊就是：找个人监督你。许多时候，爸爸们听到一个演讲或是读到一些东西，就很兴奋地要把它付诸实践，

---

① [美]约翰·鲍威尔：《相爱的秘密》，阿格斯出版社1974年版，第11页。
② [美]斯蒂芬·布莱：《如何做个好爸爸》，第61页。

却发现很难坚持做下去。这就是要用到好朋友的时候了——把你的目标全盘托出,请他监督你。我很荣幸,在过去15年里我有这样的一位朋友——约翰·伯恩鲍姆。他的建议和意见、他的耐心倾听、他经常的支持和鼓励是我生命旅途中的无价之宝,也帮助我扮演好为人父为人夫的角色。

第三个锦囊是一句鼓励的话。若你努力在家庭的幸福上投资,就会得到回报。无论从哪个方面来看,你在孩子身上所投入的时间都会对他们有帮助——健康的自我认知,更多的自尊,在与人交往时有更多的自信,更好的道德成熟度,更好的内在控制和更好的职业发展,并可降低青少年婚前怀孕的概率。

在这世上什么是你最宝贵的呢?你的家人。永远都不要忘记什么才是真正应该花时间和精力投资的。为了帮你把这深深地烙在脑海里,我想以艾伦·皮特森(J. Allan Petersen)所讲的亲身故事来作为结尾,这个故事正是关于家庭的真正价值的。

> 有一次我在巴西演讲,结束后坐飞机回家。飞机在午夜起飞,巨大的波音747飞机上每个地方都拥挤不堪。夜深之后,我开始打盹。我不知道自己到底睡了多久,醒来时就听到一阵很大声的通知:"我们遇到了非常严重的紧急情况。"因为汽油污染,三个引擎都熄火了,另一个引擎也随时都可能熄火。
>
> 机长用英语说:"现在大家要严格按照我说的去做。谁也不要做我们没有建议去做的事。你们的生命完全

依赖于我们。我们受过训练,知道如何保护你们的安全,所以你们必须完全按照我们所说的那样去做。"

然后他又迅速用葡萄牙语说了一遍。每个人都大眼瞪小眼地看着彼此。

机长说:"现在拉下窗帘,几分钟后我们就要关掉所有的灯。"

我心里大叫一声:"老天!"

飞机开始转向、颠簸,飞行员努力想让它飞回机场。机务人员在过道上走来走去,大声命令道:"现在从座位口袋中拿出那张卡,请大家开始看这张表。"我已经飞过好几百万英里了,原本以为我都把卡上内容记下来了,但我却惊慌失措,因为到处都找不到那张卡片了。当我们感到飞机在急速坠落的时候,大家都惊呆了。

最后,机务人员说:"现在系紧椅子上的安全带,越紧越好,把脚收紧,头埋在两膝之间。"我们没办法抬头看自己在哪里——是高还是低。

我四围瞥了一眼——葡萄牙人正在自己身前画十字,我想:"真的要死了。这不是开玩笑。我简直没法相信。我不知道原来就是今晚,我猜完蛋了。"这时候我有一种疯狂的感觉。

这时机务人员的声音突然闯入我耳中,正机关枪一般地喊叫着:"准备接受冲击!"老实说,那时候我根本没有想到家里的复印机,也没想到我汽车里面油满不满。在那样危急的时候,不由自主地,在我心里最深处,某种从来没有计划、排练过的东西冲了出来。当我曲着腿,把头埋在两膝之间,以为自己就要死了的时候,我说:"哦,生命真奇妙,我们自己永远无法掌控。"在飞机往下坠的时候,我最后的一个念头、最后的一句话就是:"哦,我的妻子!我的孩子!"

现在,我要告诉你,读者朋友,我活下来了!那天夜里,我在机场四处游荡,胃里打了结似的,口干舌燥,我说不出话来,浑身酸痛。

我想:"我做了什么?我说了什么?我最后一个念头是什么?为什么我会想到那些?"我在想:"底线是什么?"

底线就是:家庭。

当我在机场看到妻子时,我看着她,跑过去抓住她的手。我只是看着她,过了一会儿,我抱着她说:"哦,我真开心能看到你。"然后双眼含泪,我再次看着她,说:"哦,看到你真高兴。我真的不知道还能不能再见到你。哦,见到你真高兴。"

回到家后,我找到三个儿子,对他们说:"见到你们真高兴,孩子们,我真高兴你们在这个家中,我是你们的一分子。"

我只是个体,你也只是个体。但因为我们是在一个家庭里,所以我们都能够拥有这个家庭拼图中的一块。我们所能做的,就该去做。我相信你会和我一样,说:"因有恩典,在我家里,凡我所能做的,我就要去做。"①

---

① [美]艾伦·彼得森:《雷克斯》,第103—106页。